52 LIES HEARD IN CHURCH EVERY SUNDAY

Copyright © 2011 by Steve McVey
Published by Harvest House Publishers
Eugene, Oregon 97402
www.harvesthousepublishers.com

이 책의 한국어판 저작권은 Harvest House와 독점계약한 〈터치북스〉에 있습니다.
신저작권법에 의하여 한국 내에서 보호를 받는 저작물이므로 무단 전재와 무단 복제를 금합니다.

Korean Translation rights © 2012.
All rights reserved.

질문 있어요

스티브 맥베이 지음 | **김소희** 옮김

터치북스

나에게 오랫동안 이 거짓말을 배웠던 수많은 사람들에게 바칩니다.

우리를 자유롭게 하는 참된 진리와 하나님의 은혜가

마음과 생각에 가득 넘치기를 기도합니다.

감사의 글

보통 단 한 사람의 노력만으로 책 한 권이 나오지는 않는다. 이 책도 마찬가지다. 여기에 다 언급할 수도 없을 만큼 많은 사람들이 여러 해 동안 내 생각에 영향을 주었고, 결과적으로 이 책을 집필하는 데 도움을 주었다. 또한 《교회에서 가르치는 거짓말》을 만드는 데 직접적인 도움을 준 분도 있다.

이 책은 몇 년 전 내가 유튜브에 올린 '101가지 거짓말'을 기초로 한다. 팀 스티븐이 이 비디오를 문자화해서 시간을 절약해 주었다. 즉석에서 비디오를 녹음하다 보니 매끄럽지 못한 내용이나 문장이 있었는데, 팀이 그것들을 정리해서 책의 내용이 정확히 전달되도록 도왔다.

벤 호킨스와 폴 가서드는 이 책의 편집자로서 더 좋은 내용으로 다듬기 위해 노력했다. 그들은 항상 힘을 북돋아 주었지만 꼭 고쳐야 할 부분이 있으면 나를 강하게 설득했다.

1995년부터 내 책의 출간을 맡아온 하베스트 하우스 출판사에도 감사한다. 출간 경험도 없는 초보 작가를 믿고 나의 첫 번째 책인 《내게 찾아오시는 하나님의 은혜*Grace Walk*》의 출판을 맡아 준 밥 호킨스 주니어에게도 평생 갚아야 할 감사의 빚을 졌다.

행정 담당자인 셰릴 부처넌에게도 항상 감사한다. 셰릴은 보이지 않는 곳에서 열심히 일하면서 내가 하는 사역의 세심한 부분을 챙긴다. 나는 그녀 덕분에 하나님이 주신 달란트를 따라 내 일에

효율적으로 전념할 수 있었다.

    내 주위 사람들은 내가 아내 멜라니를 얼마나 아끼고 사랑하는지 알 것이다. 우리가 처음 만났던 40년 전부터 지금까지 그녀는 내 삶에 가장 큰 격려자다. 모든 것이 사라진다고 해도 그녀만 옆에 있다면 괜찮다.
    마지막에 하려고 아껴 둔 말이 있다. 나의 삶과 사역을 나에게 위탁하신 하나님 아버지께 정말 감사드린다. 이 책으로 오직 하나님께만 영광과 찬송을 돌린다.

차례

여러분이 분명히 궁금해할 질문

질문 1 우리의 삶을 그리스도에게 드리면 구원받는다? … 016

질문 2 그리스도인은 은혜로 구원받은 죄인일 뿐이다? … 024

질문 3 그리스도인이 되었을 때 하나님이 나의 삶을 변화시키셨다? … 032

질문 4 그리스도인이 된다는 것은 죄를 용서받는다는 뜻이다? … 038

질문 5 삶에서 가장 중요한 일은 하나님을 더욱 사랑하는 것이다? … 043

질문 6 약해진 신앙을 회복하는 방법은 새로이 헌신하는 것이다? … 049

질문 7 우리의 삶은 모두 그의 것이고, 나의 것은 없다? … 055

질문 8 그리스도는 우리 삶의 최우선순위가 되셔야 한다? … 059

질문 9 우리 죄를 극복하는 데 주력해야 한다? … 063

질문 10 우리는 하나님께 죄를 용서해 달라고 계속 구해야 한다? … 070

질문 11 잘못된 행동을 하면 하나님과의 교제에서 멀어진다? … 079

질문 12 성경의 가르침대로 살아야 한다? … 085

질문 13 삶에서 하나님의 완벽한 뜻을 찾아야 한다? … 091

질문 14 잘못된 행동을 하면 하나님은 우리에게 실망하신다? … 097

질문 15 하나님은 우리가 감당할만한 어려움만 허락하신다? … 103

질문 16 삶에는 세속적인 것과 거룩한 것이 있다? … 108

질문 17 우리에게는 부흥이 필요하다? … 113

질문 18 우리는 새로운 기름부음이 필요하다? … 120

질문 19 회개는 우리 삶에 하나님의 축복을 불러온다? … 126

질문 20 은혜와 진리는 균형을 이루어야 한다? … 131

질문 21 하나님은 성경을 통해서만 말씀하신다? … 136

질문 22 우울해하는 것은 죄다? … 141

질문 23 우리는 더 큰 믿음이 필요하다? … 148

질문 24 죄가 있으면 하나님께 쓰임 받을 수 없다? … 154

질문 25 옛 본성은 굶기고 새 본성을 살찌워야 한다? … 161

질문 26 우리는 영적인 능력을 추구해야 한다? ···167

질문 27 우리는 기독교 도덕률을 따라 살아야 한다? ···172

질문 28 우리의 마음은 너무나 악하다? ···177

질문 29 우리는 더욱 거룩하게 성장해야 한다? ···183

질문 30 우리는 그리스도를 더욱 사랑하게 해 달라고
기도해야 한다? ···190

질문 31 우리는 신분상으로만 의롭다? ···196

질문 32 신앙이 있다면 모든 상황에서 긍정적으로 행동해야 한다? ···201

질문 33 그리스도는 하나님의 율법을 지킬 힘을 주신다? ···209

질문 34 우리가 다른 사람을 용서하지 않으면
하나님도 우리를 용서하지 않는다? ···217

질문 35 다른 사람의 기분을 상하게 하지 말아야 한다? ···225

질문 36 하나님이 일을 성취하시는 데 우리의 도움이 필요하다? ···233

질문 37 가만히 있어서 녹스는 것보다 불타서 소진되는 편이 낫다? ⋯ 239

질문 38 우리는 십일조를 하기 때문에 축복받는다? ⋯ 246

질문 39 주일은 기독교의 안식일이다? ⋯ 257

질문 40 오랫동안 열심히 기도하면 하나님이 응답하신다? ⋯ 263

질문 41 진리가 우리를 자유롭게 한다? ⋯ 271

질문 42 우리는 용서하고 잊어야만 한다? ⋯ 278

질문 43 은혜는 매우 중요한 교리다? ⋯ 287

이 책을 읽는 당신이
분명히 궁금해 할 질문

당신이 《질문있어요》라는 이 책의 제목을 보았을 때 떠오른 질문이 있을 것이다. "자기가 무슨 자격으로 그것이 진리인지 아닌지를 판단한다는 말인가?"

솔직히 나도 너무 오랫동안 많은 부분에서 잘못된 설교를 해 왔기 때문에 다른 사람을 비난할 자격은 없다. 단지 예수 그리스도의 교회를 사랑하고 아끼기 때문에 숨김없이 펜을 들기로 한 것뿐이다. 나는 '다른 사람들의 영적 상태를 일깨우기 위해 진리를 왜곡하면서까지 자극을 주는 말'을 '거짓말'이라고 부른다. 비록 고의적인 의도가 없더라도, 진실을 희석하며 은혜에서 멀어지게 만드는 경우가 많음을 명확히 짚어 주기 위해서다. 어렸을 때 반쪽짜리 진실은 완전한 거짓이라고 배웠다. 그 배움이 여기에 적용된다고 생각한다. 복음에서 희석된 진실은 오염된 진실이고, 오염된 진실은 복음이 아니다.

은혜의 의미를 더 깊이 알기 시작하고 내가 가진 신앙에 대한 급격한 인식 전환을 경험하기 전까지는 나도 이 왜곡된 진리들을 전해 왔다. 하지만 지난 20년간 전 세계 곳곳의 수많은 교회에서 다양한 사람들을 만나면서 알게 되었다. '나 혼자만 이렇게 가르쳤던 것은 아니었구나.'

진리를 이야기하고 복음을 전하는 것에 굉장히 열정적이던 나는 목사가 되어서도 이 책에 나오는 여러 진리들을 성도들에게 가르치고는 했다. 그것이 거짓말인 줄도 모르고 말이다. 대다수의 목사들은 하나님과 성경, 그리고 교회를 사랑하는 신실한 믿음을 바탕으로 자신들이 하는 말이 진실을 표현한다고 믿는다.

하지만 그것은 마음에서 우러나오는 믿음이 아닌, 머리로 생각하고 판단한 것들이다.

어떤 사람은 별것도 아닌데 유난을 떤다고 할지도 모른다. 내가 지적한 내용이 기껏해야 의미론에 지나지 않는다고 말이다. 내가 하는 말과 일반적으로 사용되는 말 사이의 차이점을 보지 못하는 사람에게는 이 모든 것이 당연히 '기껏 의미론'에 불과할 것이다. 하지만 생각해 보라. 우리가 사용하는 말이 잘못된 개념을 불러오는 방식으로 표현된다면 그 말의 사용에 이의를 제기하는 것은 당연하지 않은가. 진리에 관한 의사소통이 그릇된 것이라면 이것은 매우 심각한 문제이니 말이다.

나의 궁극적인 목표가 무엇인지 궁금한가? 나의 목표는 우리

질문있어요

가 모두 하나님의 순수한 은혜를 받아들이고 삶으로 표현하는 것이다. 순수한 은혜는 하나님을 향할 뿐 우리를 향하지 않는다. 순수한 은혜는 우리가 받은 축복이 모두 나의 행동이 아닌, 하나님의 선하심에서부터 온 것이라고 선포한다. 우리가 아닌, 하나님께 모든 칭찬과 영광을 돌리는 것이다. 나는 이런 관점에서 43개 장을 쓴다. 하나님의 은혜에 대한 인식과 이해가 점점 자라나게 되기를 바라며…….

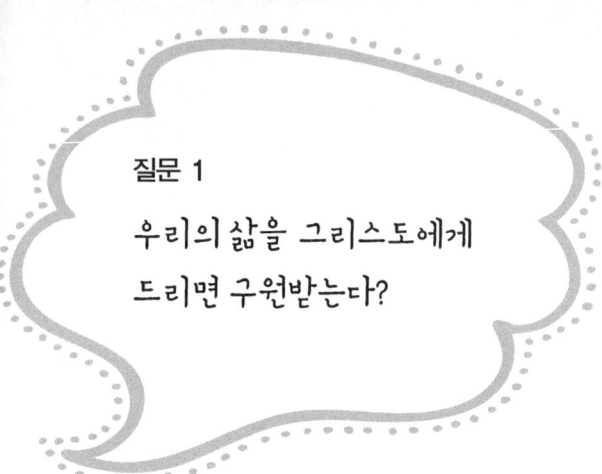

질문 1
우리의 삶을 그리스도에게
드리면 구원받는다?

　　　　　　　　　　교회에서 듣는 여러 거짓말 중 제일 먼저 무엇부터 써야 할지 결정하기가 쉽지 않았다. 나는 깊은 고민 후 기독교의 근본 사상인 구원이라는 주제부터 시작하는 것이 좋다고 판단했다. 혹자는 이 주제만큼은 오류가 있을 수 없다고 말할지도 모르겠다. 그러나 실상은 그렇지 않다. 이렇게 단언할 수 있는 것은 나 역시 한 교회의 담임 목사로서 많은 성도들에게 매주 성경을 가르치면서 수년간 그 같은 오류를 범해 왔기 때문이다. 그동안 내가 교회에서 구원에 대해 어떻게 설교했는지 돌이켜보면 내가 성도들에게 얼마나 잘못된 것들을 진실인 양 말해 왔는지를 깨닫고는 한다.

질문있어요

대체 이렇게 기본적이고 핵심적인 주제에 대해 어떤 오류를 범했던 걸까? 나는 구원의 조건을 '예수 그리스도에게 우리의 삶을 드리는 것'이라고 가르쳤다. 이 말에는 전혀 문제가 없어 보인다. 이것은 교회를 다니는 사람이라면 아주 흔히 들을 수 있는 메시지가 아닌가. 하지만 이 문장에는 치명적 오류가 숨어 있다. 사실 이것은 진리에서 한참 떨어진 잘못된 가르침이다.

우리가 그리스도께 우리의 삶을 드린다고 해서 구원을 받는다고 생각하는가? 그렇게 생각해 왔다면 그 생각을 바꾸기 바란다. 구원은 그리스도께 우리의 삶을 드리는 데 있지 않다. 사실 우리가 구원받는 것은 우리가 하나님께 무엇을 드리는가의 문제와는 아무런 관계가 없다. 구원이라는 은혜의 핵심은 우리가 그에게 드리는 것이 아닌, 그분이 우리에게 주시는 것에 있다! 우리가 우리 삶을 그리스도에게 드렸기 때문에 영생을 얻은 것이 아니다. 우리가 영생을 얻은 것은 그가 자신의 삶(생명)을 우리에게 주었기 때문이다. 이것은 아주 미묘하지만 큰 차이를 만들어내는 중요한 사실이다.

은혜의 하나님이 이루신 일보다 우리가 한 일에 초점을 맞추는 것은 종교적 습성에서 비롯된 생각이다.

종교인들은 우리의 행동에 하나님이 반응하실 것이라고 생각한다. 내가 말하는 종교란 인간들이 자신의 행동을 통해 하나님께 나아가려고 하는 삶의 체계를 뜻한다. 야고보는 종교라는 단어를 긍정적으로 사용했다(야고보서 1:26-27 참조). 그러나 시간이 지나면서 많은 단어들의 의미가 바뀌듯이, 종교의 의미 역시 사도 야고보 시대와는 크게 달라졌다.

종교^{religion}라는 단어는 라틴어 religare에서 유래했을 가능성이 크다. religare는 '단단히 동여매다' 또는 '억제하다'라는 뜻이었다. 원어의 뜻이 의미하는 것처럼 원래 종교^{religion}라고 했을 때는 공통의 믿음으로 연합된 사람들을 가리키는 말이었다. 또한 어떤 일련의 도덕적 의무에 구속되는 상태를 의미하기도 했다. 이 단어의 뜻을 검색해 보라. 모두 '속박되다$^{bound\ up}$'라는 개념과 관련 있다는 것을 알 수 있다.

그런데 오늘날에는 보통 개인의 종교적 신념에서 비롯된 행동 기준을 통틀어 종교라고 일컫는다. 이 단어가 가진 원래의 의미가 아닌 현대적 의미를 염두에 두기 바란다. 이것이 바로 내가 비판하는 종교이기 때문이다.

앞서 말했듯이 종교인들은 자신의 행동으로 하나님을 좌지우지할 수 있다고 생각한다. 이는 곧 자신이 어떻게 행동하느냐에 따라 하나님의 반응을 이끌어 낼 수 있다는 논리다. 그러나 만유의

질문있어요

주재이신 하나님은 사람이 어떻게 행동하느냐에 따라 그를 구원하거나 혹은 구원하지 않거나 하는 분이 아니다(구원 외에 다른 것도 마찬가지다). 인간들이 친절을 베풀어 자신들의 삶에 하나님을 초청해 주기를 바라시는 분이 아니다.

나는 우리의 행동이 의로움으로 인정받으면 그것으로 하나님을 기쁘게 해 드린다고 생각했고 수년간 이렇게 어리석은 내용을 가르쳤다. 그리고 수많은 사람들이 여전히 이 잘못된 가르침을 진리로 믿고 있다.

우리의 삶을 그리스도에게 드리면 구원받는다는 말은 거짓일 뿐 아니라, 하나님에 대한 모욕이다. 구원은 우리가 먼저 시작한 것이 아니다. 하나님이 시작하셨다. 마치 우리의 행동이 우리의 구원을 이끌어 낸 것처럼 말한다면 하나님을 폄하하고 우리를 높이는 셈이 된다.

구원은 하나님의 영역이다. 그가 모든 것을 시작하셨기에 우리는 그에게 나아갈 수 있다. 그가 먼저 우리를 사랑하셨기 때문에 우리도 그를 사랑하는 것이다. 예수 그리스도를 통해 하나님이 이루신 일을 받아 누리는 것이 바로 은혜다. 하나님은 시작하시고, 일하시고, 영원한 구원을 주시는 분이다. 태초부터 영원까지 오직 그가 일하신다. 구원을 위해 우리가 한 일은 아무것도 없다. 어차

피 우리는 아무것도 할 수 없었던 존재이기 때문이다.

    우리가 그리스도를 위해 헌신하기로 결단을 했기 때문에 그리스도인이 되었다고 생각하는가? 나도 오랫동안 그렇게 생각해 왔다. 나는 예수님을 위해 내 삶을 드리기로 결단했고 예수님이 내 삶에 오시기를 간절히 기도했다. 정말 그럴듯해 보이지 않는가? 그러나 사실 이것은 완전히 잘못된 생각이다! 재차 말하지만 구원을 시작하는 주체는 하나님이시다. 이 진리를 마음에 새기고 다음의 성경 구절을 읽어 보라. 구원의 시작이 모두 하나님께 속했음을 알 수 있다.

    하나님이 세상을 이처럼 사랑하사 독생자를 주셨으니 이는 그를 믿는 자마다 멸망하지 않고 영생을 얻게 하려 하심이라 _요한복음 3:16

    곧 하나님께서 그리스도 안에 계시사 세상을 자기와 화목하게 하시며 그들의 죄를 그들에게 돌리지 아니하시고 화목하게 하는 말씀을 우리에게 부탁하셨느니라 _고린도후서 5:19

    사랑은 여기 있으니 우리가 하나님을 사랑한 것이 아니요 하나님이

우리를 사랑하사 우리 죄를 속하기 위하여 화목 제물로 그 아들을 보내셨음이라 _요한일서 4:10

이 성경 구절들 속에 흐르는 일관된 메시지가 보이는가? 이 말씀은 우리가 아니라 예수님, 그리고 예수님이 이루신 사랑의 역사에 초점이 맞추어져 있다. 복음은 인간이 하나님께 나아가 무언가를 드리는 것과는 아무런 상관이 없다. 사랑, 자비, 긍휼로 일하시는 삼위일체 하나님이 낮은 곳에 있는 우리에게 다가오셔서 구원을 주시는 것이다. 우리 스스로는 결코 이룰 수 없는 역사다.

하나님은 성자에게 인간의 몸을 입히셨고, 성자는 성령을 힘입어 우리를 구원해 주시고자 이 땅에 오셨다. 우리는 이를 믿고 "정말 감사합니다!"라고 말하는 것 외에 할 수 있는 일이 없다. 예수님이 이루신 객관적 역사는 우리가 믿음을 가질 때에야 비로소 우리에게도 의미 있는 객관적 현실이 된다. 사도 바울은 에베소서에서 이렇게 말한다.

너희는 그 은혜에 의하여 믿음으로 말미암아 구원을 받았으니 이것은 너희에게서 난 것이 아니요 하나님의 선물이라 행위에서 난 것이 아니니 이는 누구든지 자랑하지 못하게 함이라 _에베소서 2:8-9

우리에게는 구원을 얻을 자격이 없다. 노력하여 구원을 성취할 수도 없다. 그저 믿음으로 구원을 경험할 뿐이다. 이에 대해 사도 바울은 우리가 믿음조차도 자랑하지 못한다고 말한다. 믿음 역시 '하나님의 선물'이며 우리의 결단으로 이루어지는 것이 아니기 때문이다.

하나님께 자신의 삶을 드림으로써 그리스도인이 된다고 배운 사람들에게 혼란을 주려는 것은 아니다. 다만, 우리가 하나님을 찾기 전에 하나님이 먼저 우리를 찾았다는 사실을 알기 바랄 뿐이다! 많은 사람들이 예수님을 따르기 시작했을 때 자신에게 어떤 일이 일어난 것인지 잘 모른다. 하지만 괜찮다. 모든 것이 하나님의 손안에 있기 때문이다. 우리는 모르지만 하나님은 알고 계시기 때문에 우리도 곧 알 수 있다.

우리가 예수님을 구주로 인정하고 그를 따르기로 결심한 그 순간부터 구원이 얼마나 멋진 일인지 진실로 이해할 수 있는 사람이 과연 있을까? 그럼에도 불구하고 우리가 구원받을 수 있다는 것은 감사할 일이다.

하나님은 사람들의 마음을 살피신다. 그는 완벽한 지성이 아니라, 진실한 마음을 찾고 계신다. 구원을 받으려면 우리 삶을 하나

질문있어요

님께 드려야 한다는 잘못된 가르침 때문에 많은 그리스도인들은 우리가 하나님을 위해 무언가를 해야 한다고 생각했을 수 있다. 그러나 사실은 정반대다. 우리가 무언가를 해서 그가 우리 삶에 들어오시는 게 아니라 그가 우리를 구원함으로써 우리가 그의 생명 안에 들어가는 것이다. 아무리 생각해도 이 논리가 훨씬 낫지 않은가.

구원의 은혜가 어디에서 오는 것인지 오해하면 하나님 아버지가 계획하신 삶을 충실히 살아가기 어렵다. 그가 이루신 일에 대한 모든 영광을 그에게 돌리고 예수님의 제자로서 믿음의 여행을 시작할 때, 우리는 훨씬 더 풍요롭고 준비된 삶을 살 수 있다. 그렇게 되면 우리가 사는 하루하루의 삶도 자연스럽게 진정한 은혜의 연장선 속에 있게 될 것이다!

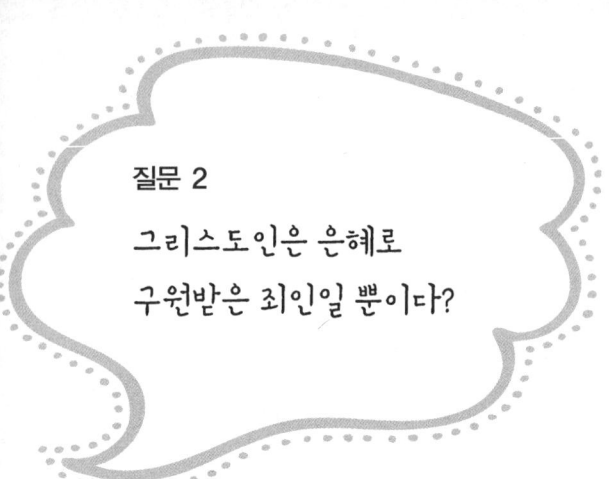

질문 2
그리스도인은 은혜로
구원받은 죄인일 뿐이다?

"우리는 은혜로 구원받은 죄인일 뿐이다."라는 말을 들어본 적이 있을 것이다. 교회에서 자주 듣는 이 말은 언뜻 보기에는 별문제가 없어 보인다. 그러나 이 말은 수많은 그리스도인들에게 상당히 심각한 부작용을 가져온다. 이 거짓말은 수 세기 동안 많은 그리스도인에게 나쁜 영향을 주었고 성경에서 말하는 그리스도인다운 삶을 살지 못하게 만드는 역할을 했다.

왜 이처럼 심각한 결과가 나타난 것일까? 이유는 간단하다. 자신을 '나는 이런 사람이다.'라고 믿는 믿음과 '나의 실제 행동'이 일치하지 않기 때문이다. 이는 정체성에 근본적인 문제를 일으킨다. 우리는 '내가 어떠어떠한 사람'이라고 생각한 대로 행동하게 된다. 자신에 대한 평가는 그가 사는 삶의 양식에 영향을 미치기 때문이다. 심리학자들은 이를 자기충족적self-fulfilling 예언이라고 한다. 그런데 장기적 관점으로 보면 '그리스도인은 은혜로 구원받은 죄인일 뿐이다.'라는 말은 우리에게 '죄인 의식'을 심어 준다.

자신이 근본적으로 죄인이라고 믿는다면 실제로 죄인처럼 행동하게 되는 것이다. 만약 그렇지 않다면 자신이 생각하는 자아와 행동이 일치하지 않게 되는 셈이다. 어쨌거나 '죄인'이 하는 행동이 죄라는 것은 자명하지 않은가? 죄인이 죄를 짓는 것은 정상적인 행동일 뿐이지만 이것은 많은 그리스도인이 성경에서 말하는 승리의 삶을 살지 못하는 원인 중 하나가 된다. 그리고 우리 삶이 변화되었다고 고백했을 때 기독교를 비판하는 사람들의 조롱거리가 되는 것도 바로 이 때문이다. 우리의 말과 삶이 일치하지 않는 것은 당연하다. 근본적으로 자신을 죄인으로 보는데 어떻게 일치할 수 있겠는가?

누구든지 계속해서 부자연스럽게 행동하면 금세 지치고 만다. 그러므로 우리는 자신이 누구인지 제대로 알아야 한다. 이 정체성은 우리의 감정이나 행동 혹은 타인의 의견으로 결정되지 않는다. "너는 이런 사람이야."라고 하시는 하나님의 말씀으로만 온전히 결정된다.

구원을 올바로 이해하려면 우선 구원이 필요한 이유부터 알아야 한다. 예수님을 믿기 전 우리에게 필요했던 것은 용서가 아니다. 그보다도 예수 그리스도의 부활 권능과 그 권능으로 우리를 변화시키는 하나님의 능력을 알고 믿는 믿음이 필요했다. 예수님의 십자가에서 우리가 같이 죽었다는 것과 그가 우리를 위해 성취하신 일을 믿어야 했다.

물론 예수님이 오신 인간 세상에는 용서가 필요했다. 그러나 용서가 유일한 문제는 아니었다. 가장 심각한 문제도 아니었다. 죽은 사람에게는 무엇이 필요한가? 답은 한 가지, 바로 생명이다! 사도 바울은 이렇게 묘사한다.

> 긍휼이 풍성하신 하나님이 우리를 사랑하신 그 큰 사랑을 인하여 허물로 죽은 우리를 그리스도와 함께 살리셨고(너희는 은혜로 구원을 받은 것이라) _에베소서 2:4-5

하나님이 우리를 그리스도 안에서 산 자로 만드신 것은 옛 창조물을 조금 바꾸신 정도가 아니다. 그는 옛 생명을 죽이고 그 자리에 새 생명을 주심으로써 완전히 새로운 것을 창조하셨다!

질문있어요

그런즉 누구든지 그리스도 안에 있으면 새로운 피조물이라 이전 것은 지나갔으니 보라 새것이 되었도다 _고린도후서 5:17

피조물creature이라는 단어의 어원은 '창조하다create', 즉 '없던 것을 만들다'라는 뜻이다. 그리스도 안에서 우리는 더 이상 죄인이 아니다. 사도 바울도 갈라디아 사람들에게 말하지 않았던가. 하나님이 예수 그리스도와 함께 십자가에서 죄인을 죽음에 넘기시고 완전히 새로운 사람으로 창조하셨다고 말이다.

내가 그리스도와 함께 십자가에 못 박혔나니 그런즉 이제는 내가 사는 것이 아니요 오직 내 안에 그리스도께서 사시는 것이라 이제 내가 육체 가운데 사는 것은 나를 사랑하사 나를 위하여 자기 자신을 버리신 하나님의 아들을 믿는 믿음 안에서 사는 것이라 _갈라디아서 2:20

사도 바울이 말한 '이제는 내가 사는 것이 아니요'의 구절이 의미하는 것은 무엇일까? 아담이 저지른 죄의 뿌리로부터 탄생한 영적인 옛 죄인 사울을 하나님이 예수 그리스도와 함께 십자가에 못 박으시고 그 옛 사람을 단번에 영원한 죽음에 넘기셨다는 것이다. 그리고 그리스도의 부활로 그를 일으키시어 거룩한 백성 바울로 다시 창조하신 후 예수 그리스도가 세운 의義의 가족이 되게 하셨다.

사도 바울에게 일어난 일은 우리에게도 적용된다. 바울이 그러했듯 우리도 십자가에서 이룬 그리스도의 역사 안에 존재한다. 우리는 더 이상 죄인이 아니다. 이것은 우리가 더 이상 죄를 짓지 않는다는 말이 아니다. 우리의 행동이 우리의 정체성을 결정하지 않는다는 뜻이다. 나는 남자로 태어났기 때문에 남자다. 우리의 정체성은 행동이 아닌, 출생의 문제다. 그리스도 안에서 우리는 거룩한 자가 되었다. 우리는 이제 새로운 정체성을 갖고 예수 그리스도의 의를 우리 것으로 받아 누릴 수 있게 되었다. 더 이상 죄인이 아니다. 죄인은 그리스도와 함께 십자가에 못 박혀 죽었고 우리는 이제 하나님의 자녀다!

에베소서 2장 10절에서 바울은 우리에 대해 하나님의 '만드신 바workmanship'라고 표현한다. '만드신 바'라는 단어는 다양한 종류의 예술 작품을 일컫는 그리스어다(현대 영어의 시poem라는 단어와 관련이 있다). 쉬운성경NLT에서는 우리를 그리스도 안에서 창조된 '성스러운 작품a divine masterpiece'이라고 표현한다. 신약은 63번이나 우리를 성도聖徒라고 칭한다. 성도의 뜻은 '거룩한 자', 즉 하나님의 역사가 만들어 낸 결과물이다. 다음의 성경 구절을 보자.

질문있어요

바울과…… 하나님의 교회 곧 그리스도 예수 안에서 거룩하여지고 성도라 부르심을 받은 자들과…… _고린도전서 1:1-2

이 뜻을 따라 예수 그리스도의 몸을 단번에 드리심으로 말미암아 우리가 거룩함을 얻었노라 _히브리서 10:10

우리를 '거룩하다' 또는 '성도'라고 부르는 것은 우리의 행동 때문이 아니라 우리에게 주어진 정체성 덕분임을 분명히 알아두자. 우리는 예수 그리스도 안에서 성도다. 자유 안에서 영적 생활을 하려면 이 성경 말씀을 믿어야 한다. 이 말씀을 믿든 믿지 않든 우리의 정체성은 변하지 않지만, 이 진실을 믿는다면 죄인 된 마음에서 벗어나 기쁜 마음으로 자유롭게 살 수 있다.

아마 이쯤에서 궁금할 것이다. 그렇다면 왜 사도 바울은 자신을 죄인 중에 괴수라고 표현했을까? 이 질문에 답하기 위해 짚고 넘어가야 할 점이 있다. 바울이 만약 '구원받은' 상태에서의 자신을 죄인이라고 주장했다면 그가 성경 다른 구절에서 자신은 그리스도의 피로 거듭난 사람이라고 한 그의 정체성과는 모순된다는 사실이다. 따라서 바울은 '구원받은' 상태의 자신을 죄인이라고 칭했을 리 없다.

무하마드 알리는 권투 선수로 활동하는 동안 자신을 '세계 챔피언'이라고 칭했다. 그런데 권투 선수로 은퇴한 지 수년이 지나고서도 여전히 세계 챔피언이라고 주장한다. 그런데 아무도 그를 거짓말쟁이라고 하지 않는다. 이제까지 그가 세운 기록을 깬 사람이 없다는 뜻이라는 것을 알기 때문이다. 그는 여전히 세계 챔피언이 맞다.

자신을 죄인 중에 괴수라고 부른 사도 바울도 마찬가지다. 자신이 아직도 죄를 가장 많이 짓는다는 뜻으로 한 말이 아니다. 그는 거듭난 이후에는 그리스도 안에 있기 때문에 죄인이 아니었고 자신을 죄인으로 보지도 않았다. 단지 그리스도를 알기 전에 자신이 지은 죄를 생각하면 죄인 중에도 가장 지독한 괴수라는 말이었다. 바울은 그 사실을 절대 잊지 못했다. 그는 바리새인으로서 그리스도인들을 감옥에 가두거나 죽게 했던 사람이었기 때문이다. 또한 바울은 다메섹으로 가는 길에 경험했던 놀라운 구원의 은혜도 결코 잊지 못했다. 우리도 이 두 가지 사실 모두를 잊지 말아야 한다.

우리가 단지 '은혜로 구원받은 죄인'이라는 말은 거짓이다. 이는 몇 번이나 반복해서 우리를 '성도'라고 하는 신약의 진실과 동떨어진 생각이다. 그뿐 아니라 신약은 우리가 예수 그리스도가 이루신 일로 거룩함을 받았다고 말한다. 이 사실을 반드시 기억해야 한다. 그렇지 않으면 우리의 고유한 권리인 승리의 삶을 누리지 못하기 때문이다.

우리의 행동은 우리가 자신을 어떻게 생각하고 있는지를 반영하게 된다. 그러니 우리 자신이 진정으로 누구인지 인식할 때 우리의 삶 속에서 더욱 하나님께 영광을 돌릴 수 있다.

우리는 죄인이 아니다! 그리스도가 이루신 일로 우리는 성도라고 하는 새로운 피조물이 되었다.

이 진리를 깨달은 자는 거룩한 삶을 살 수 있다. 이것은 엄연히 종교적 생활 방식과 구분되는 삶이다. 우리는 단순히 은혜로 구원받은 죄인이 아니다. 그런 거짓말은 털어 내고 그리스도 안에서 얻은 우리의 참된 정체성을 인정하자.

질문 3
그리스도인이 되었을 때 하나님이 나의 삶을 변화시키셨다?

거듭 말하지만 나는 이 책에서 우리가 사용하는 몇몇 단어의 의미를 면밀히 살펴볼 것이다. 하나님, 세상, 그리고 그리스도인인 우리에 대해 언급되는 단어들이 풍기는 미묘한 뉘앙스가 잘못된 가르침의 원인이 되는 경우가 많기 때문이다. 따라서 우리가 그것들을 설명할 때 사용하는 단어 하나하나의 역할은 굉장히 중요하다. 그 단어가 진실이든 아니든 부지불식간에 우리에게 전달되어 마음에 박히기 때문이다. 애매한 단어나 어구를 사용하다 보면 생각도 그렇게 애매해진다. 구원받을 때 일어난 일을 설명하는 데 사용되는 '변화change'라는 단어가 대표적인 예다.

우리가 구원받아 그리스도인이 되었을 때 하나님이 우리 삶을 변화시켰다고 말하면 마치 우리가 단순히 개조가 필요한 존재였다는 잘못된 인상을 준다. 그가 우리 삶을 깨끗이 치우시고 잘못을 고치시면서 삶에 있어 모든 나쁜 것을 수습하신 것처럼 말이다. 그것이 사실이라고 생각한다면 큰 오산이다.

많은 사람들은 그리스도가 오기 전 우리의 상태를 단순히 죄로 병들어서 종교적 처방전이 필요했던 것으로 착각하는 경우가 많다. 하지만 앞서 말했듯이 우리는 죄로 죽어 있었다. 죽은 자에게 해 줄 수 있는 것은 아무것도 없다. 물론 목욕을 시키고 옷을 깨끗이 입혀서 그를 손으로 지탱해 줄 수는 있다. 그래도 그가 죽었다는 사실은 변하지 않는다. 죽은 자에게 필요한 것은 단 하나, 바로 부활이다.

사람들은 보통 하나님이 우리 삶을 변화시켰다고 하면 우리가 구원받아 그리스도인이 되었을 때 그가 우리 행동을 바꾸셨다는 의미로 해석한다. 과거에 주님을 믿지 않았던 때에 우리가 하던 행동은 죄로 물들어 있었지만, 이제는 의의 좁은 길을 걷게 되었다는 것이다. 우리 윗세대들은 그런 경험을 '종교를 갖는다getting religion'라고 표현했다. 맞는 말이다. 하지만, 종교가 단순히 행동 변화에 초점을 맞춘다는 점에서 은혜와 종교는 차원이 다르다. 물론 그리스도를 믿으면 행동이 변하지만 그 행동 변화는 복음이 가져다주는 놀라운 진실에 비하면 극히 일부에 불과하기 때문이다.

이사야 40장 31절에서는 "오직 여호와를 앙망하는 자는 새 힘을 얻으리니"라고 말한다. 히브리어로 '얻는다' 라는 말은 '교체' 또는 '대체' 라는 뜻이다. 허드슨 테일러 선교사는 이 구절에 사용된 '얻는다' 라는 단어를 연구하면서 삶이 180도 바뀌었다. 그 후 그는 '교체된 생명the exchanged life' 이라는 단어를 만들었다. 구원받을 때 우리의 삶은 단순히 변화되는 것이 아니라 새로 교체된다는 사실을 목도했기 때문이다. 교체된 생명은 흔히 내가 사용하는 '은혜 영성grace walk' 이라는 단어와 일맥상통한다.

하나님은 십자가를 통해 우리를 향한 은혜를 나타내셨다. 그분은 십자가에서 과거의 죄에 물든 우리를 죽음에 넘기셨다. 그리고 그 자리에 완전히 새로운 생명을 주셨다. 우리는 이제 그의 생명을 누릴 수 있게 된 것이다! 아담의 죄로부터 나온 옛 생명은 예수님의 십자가에서 죽었고 이제 우리는 새사람이 되었다. 예수님은 십자가에서 아담 안의 옛 본성을 비롯한 우리 안에 있는 추악한 모든 것을 감당하셨다. 그가 성취하신 일을 믿고 그 믿음대로 행동하면 우리는 그리스도의 거룩한 능력으로 살 수 있다.

질문있어요

로마서 6장 6절에서 사도 바울은 말한다. "우리가 알거니와 우리의 옛 사람이 예수와 함께 십자가에 못 박힌 것은 죄의 몸이 죽어……." 바로 이것이다. 우리의 옛 사람은 죽었다. 로마서 6장 3절은 "무릇 그리스도 예수와 합하여 세례를 받은 우리는 그의 죽으심과 합하여 세례를 받은 줄을 알지 못하느냐"라고 말한다. 구원받기 전의 우리는 그와 함께 죽었다. 신약은 이를 무수히 반복해 말한다.

이는 너희가 죽었고 너희 생명이 그리스도와 함께 하나님 안에 감추어졌음이라 우리 생명이신 그리스도께서 나타나실 그 때에 너희도 그와 함께 영광 중에 나타나리라 _골로새서 3:3-4

삶이 변화된 것과 교체된 것의 차이가 왜 중요한지 알겠는가? 변화되었다는 것은 그저 '개선된 나'를 의미한다. 그렇지만 구원은 그런 것이 아니다. 완전히 '새로운 사람'이 되는 것이다! 아담으로부터 물려받은 죄악의 영적 DNA는 십자가에 못 박아 남김없이 처리했다. 다 죽고 장사된 것이다! 이제 우리는 삶의 원천이 되신 예수 그리스도로 말미암아 "새 생명 가운데서 행하게 하려"(로마서 6:4) 일으킴을 받았다.

구원을 이렇게 이해해야만 예수님께서 십자가에서 이루신 역사를 제대로 볼 수 있다. 예수님은 단순히 아담이 무너뜨린 것을 바로잡으러 오신 것이 아니다. 에덴동산에서 훼손된 우리의 정체성을 회복하시고 그 결과마저 완전히 뒤바꿔 놓으러 오신 것이다. 아담 안에서 우리는 죄인이었다. 그러나 그리스도가 이루신 역사는 단순히 죄로부터 우리를 깨끗하게 하는 데 그치지 않았다. 이는 아담 안에 있는 우리의 옛 생명을 영원히 없애 버리신 역사다. 히브리서 9장 26절은 이렇게 말한다. "자기를 단번에 제물로 드려 죄를 없이 하시려고……."

이제 우리의 죄는 용서되었을 뿐만 아니라 없어졌다! 시편에서 이를 멋지게 표현한다.

> 동이 서에서 먼 것 같이 우리의 죄과를 우리에게서 멀리 옮기셨으며
> _시편 103:12

고린도후서에서 사도 바울은 하나님이 이 역사를 어떻게 이루셨는지 설명한다.

> 하나님이 죄를 알지도 못하신 이를 우리를 대신하여 죄로 삼으신 것

은 우리로 하여금 그 안에서 하나님의 의가 되게 하려 하심이라 _고린도후서 5:21

이 말씀을 주의 깊게 묵상하기 바란다. 성부 하나님은 죄 없으시고 용서의 근원이 되시는 예수님에게 우리의 죄를 전가하셨다. 그러나 이것이 끝이 아니다! 하나님은 예수님의 의를 우리에게 주셨다. 이것이 바로 우리가 심판대에서 '무죄' 판결을 받는 정당한 근거다. 여기서 우리는 그리스도 안에서 하나님이 이루시는 역사는 변화가 아닌 완전한 교체라는 것을 다시 한번 확인하게 된다. 하나님이 우리를 변화시켰다는 거짓말을 밝히고 진실을 받아들이자. 그러면 새 생명을 가진 하나님의 자녀로서 최고의 삶을 사는 자유를 누리게 될 것이다.

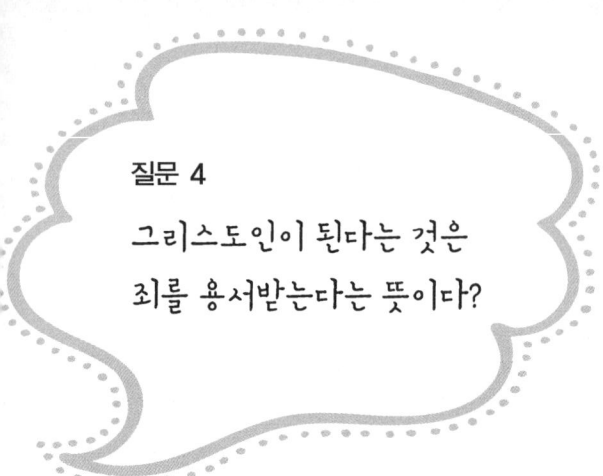

질문 4
그리스도인이 된다는 것은
죄를 용서받는다는 뜻이다?

　　　　　　　　　　성도들에게 그리스도인이 된다는 것의 의미가 무엇인지 물어보라. 대부분 자신의 죄를 용서받는 것이라고 말할 것이다. 많은 사람이 그리스도를 믿기 시작한 순간부터 이러한 의식을 갖는다. 물론 우리의 죄는 그리스도가 십자가에서 이루신 일로 용서를 받았다. 그러나 죄 용서가 구원의 핵심은 아니다. 사실 하나님이 우리의 죄를 사하여 주신 것은 그에게 부차적인 일일 뿐 가장 중요한 문제는 아니다. 그리스도인이 되어 죄를 용서받는다는 것은 멋진 일이지만 용서만으로는 우리의 삶이 바뀌지 않기 때문이다.

　　예수님은 우리에게 용서 이상의 것을 주기 위해 이 땅에 오셨다. 물론 우리가 그리스도를 믿고 죄를 사함받았음을 깨닫는 것은 좋은 일이다. 그러나 우리가 용서받은 죄는 과거에 관한 것이다. 그렇기에 여전히 현재와 미래에 관해서는 어찌할 수가 없다. 그렇다면 우리는 어떤 능력으로 현재 짓고 있는 죄의 권세로부터 해방될까? 우리가 미래에 지을 죄는 어떻게 되는 것일까?

수많은 사람이 기독교 진리를 단순히 죄 용서 정도로 생각하면서 무기력한 일상을 살아간다.

물론 우리가 죄를 용서받았다는 것을 결코 가볍게 여길 수 없다. 정말 감사할 일이다. 그러나 이 정도에서 그친다면 그리스도 안에서 허락된 최고의 것을 누리지 못하는 삶이 되고 만다.

예수 그리스도는 우리에게 거룩한 생명, 즉 그의 생명을 주시려고 오셨다. "내가 온 것은 양으로 생명을 얻게 하고 더 풍성히 얻게 하려는 것이라"(요한복음 10:10). 그들은 거듭났고 천국에 갈 것을 믿지만 개개인마다 그리스도가 생명으로 내주하심을 경험하는 것이 구원의 일차적인 목적임을 알지 못하기 때문에 이 땅에서의 삶을 천국에 갈 때까지 우리가 머무를 대기실 정도로 생각하는 것이다.

하지만 명심하라. 복음의 메시지에는 십자가, 그리고 부활이 반드시 포함되어야 한다. 예수 그리스도가 십자가에 못 박히심으로 우리가 모든 죄를 용서받았지만, 그 사실만으로는 반쪽 복음이 될 뿐이다. 나머지 반쪽의 메시지는 빈 무덤에서 알 수 있다.

예수님이 다시 사셨을 때, 우리도 그와 함께 새 생명으로 다시 일어났다. 이것으로 예수님이 우리에게 주신다고 약속하신 풍성한 삶이 가능한 것이다. 우리가 복음의 완전한 진실, 즉 구원이란 그리스도의 생명을 받는 것이라는 사실을 알게 될 때 우리는 예수님이 우리에게 허락하신 삶을 온전히 누리게 되며, 우리의 생명과 예수님의 생명이 하나로 합쳐졌다는 것을 믿음으로 바라볼 때 우리는 진정한 그리스도인이 된다.

인류가 가진 문제가 단지 아담 안에서 발생한 죄와 그것을 용서받는 차원이 아니다. 우리는 죽은 상태였고 새 생명이 필요했다. "그는 허물과 죄로 죽었던 너희를 살리셨도다"(에베소서 2:1). 그래서 하나님은 죄뿐 아니라 영적으로 죽어 있던 인간의 상태에 해결책을 제시해야만 했다. 그래서 예수 그리스도의 죽음으로 그것을 믿는 우리에게 완전한 구원을 주셨다.

그러므로 우리가 그의 죽으심과 합하여 세례를 받음으로 그와 함께 장사되었나니 이는 아버지의 영광으로 말미암아 그리스도를 죽은 자 가운데서 살리심과 같이 우리로 또한 새 생명 가운데서 행하게 하려

질문있어요

함이라 만일 우리가 그의 죽으심과 같은 모양으로 연합한 자가 되었으면 또한 그의 부활과 같은 모양으로 연합한 자도 되리라 _로마서 6:4-5

사도 바울은 십자가와 부활이 함께 역사함을 다음과 같이 설명한다.

또 범죄와 육체의 무할례로 죽었던 너희를 하나님이 그와 함께 살리시고 우리의 모든 죄를 사하시고 _골로새서 2:13

그러므로 구원이 '죄 사함을 받는 것'이라는 생각은 반쪽짜리 진실이다. 그리고 반쪽 진실은 잘못된 결론에 이르게 하므로 완전한 거짓이다. 우리는 거룩한 생명을 받은 자다. 그 거룩한 생명은 우리 안에 내주하여 매 순간 우리를 통해 나타난다. 그리스도를 통한 구원의 역사는 단순히 천국에 가는 데 그 목적이 있지 않다. 누군가 말했듯이 "그리스도는 단순히 인간을 지옥으로부터 건져내어 천국으로 인도하기 위해 오신 것이 아니다. 그는 친히 천국에서 나와 인간에게 들어가기 위해 오셨다."는 사실을 잊으면 안 된다.

성령님이 내주하셨다는 것은 우리가 매일 매 순간 그리스도의 능력을 가지고 살아갈 수 있음을 의미한다. 이것은, 하나님께서 우리가 어떻게 살아가기를 원하시는지에 대한 모습이기도 하다. 우리가 "하나님의 나라는 너희 안에 있다."(누가복음 17:21)라는 말을 이해한다면 단순히 천국에 가기만을 기다리는 것 이상의 삶을 살 수 있다. 그리고 현재부터 시간과 영원 사이의 경계를 건너 죽음의 순간에 이를 때까지 우리는 이 땅에서도 매 순간 천국 시민으로 살 수 있는 능력을 얻게 된다.

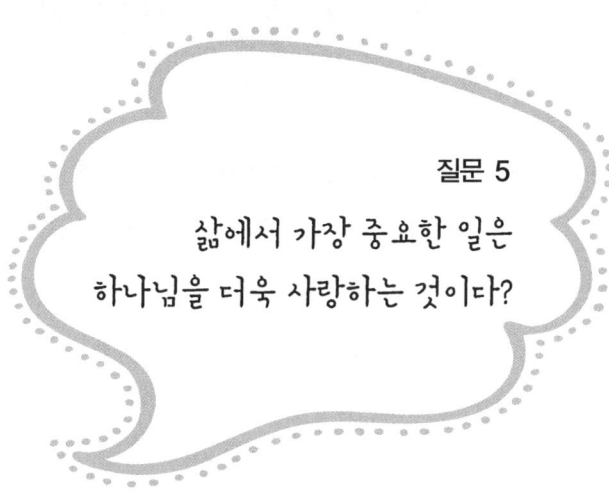

질문 5
삶에서 가장 중요한 일은 하나님을 더욱 사랑하는 것이다?

어느 날 한 율법사가 예수님에게 와서 질문했다. "선생님, 율법 중에 어느 계명이 크나이까?" 예수님은 그의 질문에 이렇게 답했다.

네 마음을 다하고 목숨을 다하고 뜻을 다하여 주 너의 하나님을 사랑하라 하셨으니 이것이 크고 첫째 되는 계명이요 _마태복음 22:37-38

예수님은 가장 큰 계명이 무엇이냐는 질문에 하나님을 사랑하는 것이라고 답하셨던 것이다. 하지만 질문의 초점을 잘 살펴보라. 그는 율법에 대해 물었다. 앞서 지적했듯이 우리는 얼핏 그럴

싸하게 들리는 말도 잘 살펴보면 실제로는 틀린 경우가 많다는 것을 알게 된다. 그렇다면 하나님을 더 사랑해야 한다는 이 말은 무엇이 잘못된 것일까?

답은 명확하다. 우리의 의지로는 율법이 요구하는 대로 하나님을 사랑할 수 없다는 것이다. 물론 하나님은 이를 잘 알고 계셨으면서도 우리에게 율법을 주셨다.

예수님이 모세의 율법까지 인용하여 대답해 주신 사람들은 율법 아래 있는 자들이었다는 사실에 주목할 필요가 있다. 하나님을 더 사랑해야 한다고 강요하는 것은 율법과 같은 맥락이다. 겉으로 그럴싸하게 들리지만 실제로는 율법주의적인 가르침일 뿐이다. 아이러니하게도 하나님을 더 사랑하라고 강조하면 오히려 하나님을 사랑할 수 없음을 뼈저리게 깨닫는 결과만 낳는다.

자주 다투는 자녀들에게 서로 사랑하라고 명령해 보라. 마땅히 지켜야 할 올바른 말이지만 사랑할 수 없는 사람들에게 서로 사랑하라고 아무리 명령해 보았자 소용이 없다. 누군가를 사랑할 마음이 없는 자에게 사랑하라고 명령하는 것은 오히려 그의 무능함을 드러낼 뿐이기 때문이다.

이것이 바로 율법의 맹점이다. 율법은 우리가 마땅히 해야 할 일에 대한 진실하고 올바른 내용을 담고 있지만, 우리에게 이를 실천할 능력을 주지는 않는다.

성경은 우리가 하나님의 법과 마주하면 죄의 정욕이 더 많이 일어난다고 말한다. 다음의 말씀을 살펴보자.

율법이 들어온 것은 범죄를 더하게 하려 함이라 _로마서 5:20

우리가 육신에 있을 때에는 율법으로 말미암는 죄의 정욕이 우리 지체 중에 역사하여 우리로 사망을 위하여 열매를 맺게 하였더니 _로마서 7:5

그런즉 우리가 무슨 말을 하리요 율법이 죄냐 그럴 수 없느니라 율법으로 말미암지 않고는 내가 죄를 알지 못하였으니 곧 율법이 탐내지 말라 하지 아니하였더라면 내가 탐심을 알지 못하였으리라 그러나 죄가 기회를 타서 계명으로 말미암아 내 속에서 온갖 탐심을 이루었나니 이는 율법이 없으면 죄가 죽은 것임이라 _로마서 7:7-8

율법의 요구는 우리에게 반발을 일으킨다. 하나님을 사랑하라고 말하면 그 요구는 우리를 정죄하고 죄책감에 휩싸이게 한다. 사실 우리는 그런 요구를 받기 전에 이미 하나님을 더 사랑해야 한다고 느끼는 경우가 많다. 그런데도 왜 사랑하지 못하는 것일까? 답은 간단하다. 사랑하려는 결심만으로는 누구도 사랑할 수 없기 때문이다. 그것은 요한일서 4장 19절에 잘 나와 있다. "우리가 사랑함은 그가 먼저 우리를 사랑하셨음이라."

하나님을 사랑해야겠다고 결심한 적이 있는가? 하나님을 사랑하는 것에 초점을 맞추면 정말 더 사랑할 것 같은 기분이 들던가? 오히려 사랑할 수 있게 해 달라고 기도하게 될 것이다. "주님, 주님을 더 사랑할 수 있게 도와주세요."라고 기도하는 것은 그만큼 사랑할 수 없다고 느끼고 있다는 증거다.

따라서 하나님을 더 사랑하고자 한다면 매 순간 우리가 그를 얼마나 사랑하는지가 아닌, 그가 우리를 얼마나 사랑하시는지에 초점을 맞추어야 한다. 우리가 마음껏 하나님을 사랑하려면 우선 그가 우리를 얼마나 사랑하시는지를 알아야 한다. 그때 비로소 우리 마음에 솟아나는 하나님을 향한 사랑을 발견할 수 있다.

삶에서 하나님을 사랑하는 것이 가장 중요하다는 거짓말을 떨쳐버리고 하늘의 아버지께서 우리를 얼마나 사랑하시는지에 초점을 맞추자. 그래서 사도 바울도 그의 서신에서 사람들이 영의 눈을 떠서 하나님의 사랑을 이해할 수 있기를 간절히 바란다고 자주 언급했던 것이다.

질문있어요

이러므로 내가 하늘과 땅에 있는 각 족속에게 이름을 주신 아버지 앞에 무릎을 꿇고 비노니 그의 영광의 풍성함을 따라 그의 성령으로 말미암아 너희 속사람을 능력으로 강건하게 하시오며 믿음으로 말미암아 그리스도께서 너희 마음에 계시게 하시옵고 너희가 사랑 가운데서 뿌리가 박히고 터가 굳어져서 능히 모든 성도와 함께 지식에 넘치는 그리스도의 사랑을 알고 그 너비와 길이와 높이와 깊이가 어떠함을 깨달아 하나님의 모든 충만하신 것으로 너희에게 충만하게 하시기를 구하노라 _에베소서 3:14-19

하나님의 사랑을 깊이 깨달은 자는 율법의 명령 없이도 하나님을 향한 사랑이 생긴다. 그리고 힘쓰지 않아도 하나님의 은혜가 우리 삶을 어떻게 변화시켰는지를 깨닫기 시작한다.

우리를 향한 하나님의 위대한 사랑을 더 깊이 이해하게 되면 우리 내면의 눈이 밝아지고 사랑이 싹트고 우리는 하나님의 사랑으로 성장하며 우리의 영은 더욱 풍성해진다. 그때가 되면 하나님을 더 많이 사랑해야 한다는 마음 없이도 하나님을 더 많이 사랑하는 자신을 발견할 것이다. 또한 주위 사람들도 더 많이 사랑하게 될 것이다.

하나님을 더 사랑하는 것이 가장 중요하다는 말은 표면적으로 맞는 말인 듯 하지만 사실은 율법적인 거짓이다. 성경은 하나님이 우리를 사랑하셨고, 모든 것이 그 사랑을 중심으로 이루어진다고 말한다. 우리를 향한 하나님의 사랑에 초점을 맞출 때 그 사랑이 진실임을 알고, 은혜로 행하는 삶을 사는 자유를 누리게 된다.

질문 6
약해진 신앙을 회복하는 방법은 새로이 헌신하는 것이다?

의도한 것은 아니었지만 내가 교회에서 율법적 행동을 가르치던 시절, 나는 사람들에게 종종 그리스도에게 새로이 헌신할 것을 호소하고는 했다. 당시에는 그리스도를 위한 삶을 살려면 뜨거운 열정을 가지고 더욱 노력하며 헌신해야 한다고 생각했기 때문이다. 그래서 지칠 때까지 새로운 마음으로 헌신하는 일에 힘썼다.

하지만 지금은 주님께 그렇게 꾸준히 헌신하려는 갈망 자체가 잘못된 접근이라는 것을 깨달았다.

새로이 헌신하는 것^{rededication}은 은혜로 나아가는 올바른 길이 아니다. 하나님께 더 열심히 노력하겠다고 약속하는 것으로는 영적 생활의 부족함을 해결할 수 없기 때문이다.

우리가 노력하면 할수록 성공하지 못할 가능성은 더 커진다. 사실 그리스도인의 삶에서 승리를 얻는 비결은 우리의 노력이 아니라 믿음에 있기 때문이다.

그리스도께 새로이 헌신하는 데 있어 가장 큰 문제는 바로 '자아'다. 자아는 육체를 스스로 만족시킨다는 의미로 통하기 때문이다. 이상하게 들리겠지만 그리스도인다운 삶을 살려고 '노력'하다 보니 종교성이 있는 육체로 만족해 버리는 것이다.

자기결정, 자기훈련, 자기만족은 그리스도인의 삶을 사는 데 장애물이 된다. 오로지 예수님만이 은혜의 삶에서 승리하는 길이다. 예수님은 자신을 따르는 것이 무엇인지 제자들에게 다음과 같이 설명하셨다.

> 누구든지 나를 따라오려거든 자기를 부인하고 자기 십자가를 지고 나를 따를 것이니라 _마태복음 16:24

예수님이 우리에게 무엇을 해야 한다고 말씀하셨는지 살펴보라. 우리 삶을 그에게 드리라고 하셨는가? 아니다. 그는 자기를 부인하라고 말씀하신다.

질문있어요

더 열심히 노력하기 위해 새로이 헌신하는 것은 우리 삶에 해답을 주지 못한다. 아무리 성실하게 노력해도 소용 없다. 우리가 할 일은 먼저 그를 신뢰하는 것이다. 믿음만이 불안하고 기복이 심한 영적 상태를 벗어나는 유일한 해답이다.

나는 포도나무요 너희는 가지라 그가 내 안에, 내가 그 안에 거하면 사람이 열매를 많이 맺나니 나를 떠나서는 너희가 아무 것도 할 수 없음이라 _요한복음 15:5

예수님과 우리와의 관계를 포도나무와 가지의 관계에 빗대어 생각해 보라. 가지가 스스로 열매를 맺을 수 있는가? 그럴 수 없다. 포도나무 같은 과일나무의 꺾어진 가지가 열매를 맺을 수 있는지 없는지 관찰해 보면 쉽게 알 수 있다. 가지가 생명의 원천에 붙어 있을 때 그 가지는 열매를 맺는다. 다시 말해 그 가지는 많은 '열매를 맺지만' 스스로 열매를 생산할 능력은 없다.

이것은 우리의 능력이 어디까지인지를 완벽히 보여 주는 예다. 우리는 스스로 열매를 맺을 수 없다. 아무리 열심히 노력하고 헌신해도 불가능하다. 그러나 우리의 약함을 인정하고 그에게 의지하고 믿으며 그가 우리의 품성을 만지시도록 하면, 그리스도의 생명의 열매를 맺을 수 있다.

앞 장에서도 살펴보았듯이 우리가 그리스도인이 되는 것은 죄를 깨끗이 용서받는 것 이상의 사건이다. 완전히 새로운 생명, 즉 그리스도의 생명을 소유하는 것이다. 그래서 사도 바울은 그리스도 안에서 우리의 죽음과 부활을 설명하고 나서 우리에게 그 생명에 맞는 생각과 행동을 할 것을 독려했다.

이와 같이 너희도 너희 자신을 죄에 대하여는 죽은 자요 그리스도 예수 안에서 하나님께 대하여는 살아 있는 자로 여길지어다 그러므로 너희는 죄가 너희 죽을 몸을 지배하지 못하게 하여 몸의 사욕에 순종하지 말고 또한 너희 지체를 불의의 무기로 죄에게 내주지 말고 오직 너희 자신을 죽은 자 가운데서 다시 살아난 자 같이 하나님께 드리며 너희 지체를 의의 무기로 하나님께 드리라 죄가 너희를 주장하지 못하리니 이는 너희가 법 아래에 있지 아니하고 은혜 아래에 있음이라
_로마서 6:11-14

우리가 우리의 힘으로 그리스도인의 삶을 사는 것은 힘든 일이 아닌, 불가능한 일이다. 하나님은 우리가 이를 깨닫기 원하신다. 우리가 아무리 노력하고 헌신한다 해도 승리하는 그리스도인의

질문있어요

삶을 살 수는 없다. 그보다는 자기 생명, 즉 자신의 노력으로 무엇인가를 하려는 시도를 끝내야 한다. 그리고 하나님께 이러한 고백을 드려야 한다. "주님, 당신을 높이는 삶을 사는 것은 어렵고 사실 저로서는 불가능합니다. 제 스스로 하려는 노력을 그치고 그저 당신께 의지하겠습니다. 당신은 나의 생명이십니다. 주 예수님, 이제 저를 통해 당신의 생명을 살아 주십시오."

그렇다면 그리스도인으로서 사는 데 우리가 할 일은 아무것도 없다는 말인가? 물론 있다! 그러나 우리의 행위보다 하나님의 능력을 온전히 의지하는 내면의 태도가 우리의 마음과 노력으로 나타나도록 하는 것이 우선되어야 한다. 그 관계는 다음의 구절에서 분명히 나온다. "그러므로 나의 사랑하는 자들아 …… 두렵고 떨림으로 너희 구원을 이루라"(빌립보서 2:12).

이 말씀은 헌신적인 노력에 관한 말이 아닌가? 그렇다. 그러나 문장을 완성하는 그다음 구절을 보면 우리의 외적 노력의 이면에 감추어진 능력의 원천, 즉 내면의 비밀이 언급된다. "너희 안에서 행하시는 이는 하나님이시니 자기의 기쁘신 뜻을 위하여 너희에게 소원을 두고 행하게 하시나니"(빌립보서 2:13).

하나님의 생명이 나의 내면에서 시작하여 외면으로 표현되고 그것이 내 모든 것을 다스리는 것, 그것이 바로 창조자가 계획한 나의 삶이다. 그렇게 우리는 그를 우리의 생명이자, 지혜, 능력으로 여겨 의지하는 것이다.

    천국에 들어가고자 올바른 행동을 하고, 종교적 노력을 기울인다고 해서 그리스도인이 되는 것이 아니다. 그보다 하나님과 연합하기 위해 우리가 할 수 있는 것도 없고 해야 할 일마저 없음을 깨달을 때, 우리는 그리스도인이 된다. 그가 이미 모든 것을 이루셨다. 그런 의미로 본다면 예수님을 따르면서 변한 것은 아무것도 없다고 할 수 있다.

    우리가 아무리 노력해도 스스로를 더 강하게 할 수 없다는 것을 인정하자. 우리가 처음에 그를 믿고 구원을 경험했을 때처럼, 그가 모든 것을 하신다는 것을 완전히 믿고 의지하며 그에게 나아가야 한다. 그러면 그가 하실 것이다.

    우리 안에서 선한 일을 시작하신 이가 그 일을 마치실 것이다. 믿을 것은 우리 자신도 아니고 우리의 노력도 아니다. 그를 믿으라. 우리에게 필요한 것은 믿음뿐이다.

질문있어요

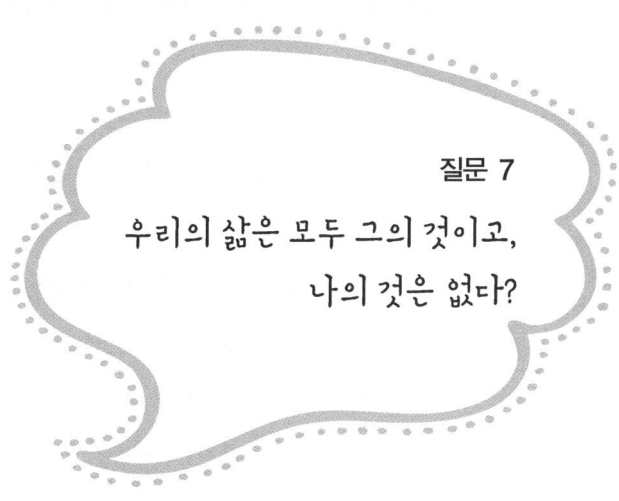

질문 7
우리의 삶은 모두 그의 것이고,
나의 것은 없다?

"그리스도인의 삶은 모두 그리스도의 것이고 나의 것은 없다."라는 이 말은 얼핏 들으면 대단히 영적이고 옳은 것처럼 보이는 또 다른 거짓말이다. 잘 모르고 들으면 순수한 겸손의 말로도 들려서 많은 사람이 이 말을 좋아한다.

이렇게 생각해 보자. 예수님이 이 땅에 인간의 몸을 입고 오셨을 때 그의 전부가 하나님의 것이고 그의 것은 없었는가? 아니다. 오히려 그 반대였다. 모두 하나님의 것인 동시에 그의 것이기도 했다. 예수님과 성부 하나님은 완전히 하나였다. 그래서 예수님은 100퍼센트 인간이자 100퍼센트 신이었다.

신학자들은 이런 현상을 신성과 인성의 연합이라고 부른다. 다시 말해, 예수님은 반은 인간이고 나머지 반은 신이 아니라는 말이다. 그는 완전한 하나님이자 완전한 인간, 즉 '하나님–사람$^{God-man}$' 이었다. 따라서 예수님은 인간으로서 이렇게 말했을 것이다. "모두 하나님의 것이자 나의 것이다."

물론 예수님은 하나님이지만 우리는 아니다. 그러나 우리는 그리스도를 통해 하나님과 연합되었고, 우리의 생명은 예수 그리스도 안에 있다. 그러므로 우리는 예수 그리스도를 통해, 성령님의 사역으로 하나님과 더불어 교제하는 것이다.

고린도전서 6장 17절에는 "주와 합하는 자는 한 영이니라"고 말한다. 예수님과 우리가 각기 삶의 다른 부분을 구성하는 것이 아니다. 사람들은 기도할 때 "주님, 당신을 더 원합니다."라고 말한다. 이것은 기도하는 자의 의도는 좋은 것일 수 있으나 하나님의 뜻에는 맞지 않는 기도다. 이미 우리 안에 예수님의 모든 것이 내주하고 있기 때문이다.

사도 바울은 이렇게 말했다. "그 안에는 신성의 모든 충만이 육체로 거하시고 너희도 그 안에서 충만하여졌으니 그는 모든 통치자와 권세의 머리시라"(골로새서 2:9–10). 우리에게 부족한 것은 아무것도 없다. 예수 그리스도는 성부 하나님의 모든 것을 소유하고, 우리는 예수 그리스도의 모든 것을 소유하고 있기 때문이다. 이것은 완전한 연합이며, 예수님과 우리 사이에 분리는 없다.

요한복음 17장에서 예수님은 성자와 성부가 하나인 것처럼 우리가 서로 하나가 될 수 있기를 성부 하나님께 기도했다. 그리고 우리가 삼위일체 하나님 안에 있기를 기도했다.

내가 비옵는 것은 이 사람들만 위함이 아니요 또 그들의 말로 말미암아 나를 믿는 사람들도 위함이니 아버지여, 아버지께서 내 안에, 내가 아버지 안에 있는 것 같이 그들도 다 하나가 되어 우리 안에 있게 하사 세상으로 아버지께서 나를 보내신 것을 믿게 하옵소서 _요한복음 17:20-21

우리는 성부가 성자의 기도에 항상 응답하심을 안다. 따라서 성부와 성자와 성령이 하나인 것처럼 우리도 그와 하나인 것은 진실이다. 성경은 그리스도가 우리의 인성을 다 삼켜 버려 우리가 더 이상 존재하지 않는, '우리의 생명을 대체한 그리스도의 생명'을 이야기하지 않는다. 또는 우리의 인성을 개선하고자 신성을 좀 첨가한 '우리 생명 안의 그리스도'도 말하지 않는다. 성경은 오직 우리 생명이신 그리스도를 전한다. 그는 우리 안에 있고, 우리는 그 안에 있다. 그러므로 그의 모든 것이 우리 안에 있고, 동시에 우리의 모든 것이 그 안에 있는 '하나됨'의 상태로 존재한다.

우리는 하나님과 함께하는 동역자다. 즉 예수님과 멍에를 같이 한다. 예수님은 말했다. "나의 멍에를 매라." 따라서 우리는 하나님에게 능력을 부여받은 그의 동역자로서 생활한다. 하나님이 우리의 성격과 육체를 통해 일하시므로 우리가 행동한다. 하나님은 우리의 마음에 자신의 뜻을 알려 주시지만, 그 뜻하신 일은 우리의 행동을 통해서 이루신다. '나 대신에'가 아니다. 100퍼센트 하나님의 삶이자, 100퍼센트 우리의 삶이다. 성령님이 우리를 이끄시고 우리는 그의 뜻대로 행동한다.

'우리 삶은 그리스도의 것이지 우리 것은 없다.'라고 생각한다면 우리 일상생활이 수동적으로 변할 수 있다. "뭐, 난 단지 통로일 뿐인걸. 그가 나를 통해 하는 것을 기다리기만 하면 돼. 그가 모든 것을 하시니까 나는 아무것도 하지 않아도 괜찮아." 이런 사고방식을 가지고 살아간다면 우리가 그리스도와 나누는 연합된 삶의 본질을 절대 이해할 수 없다.

질문있어요

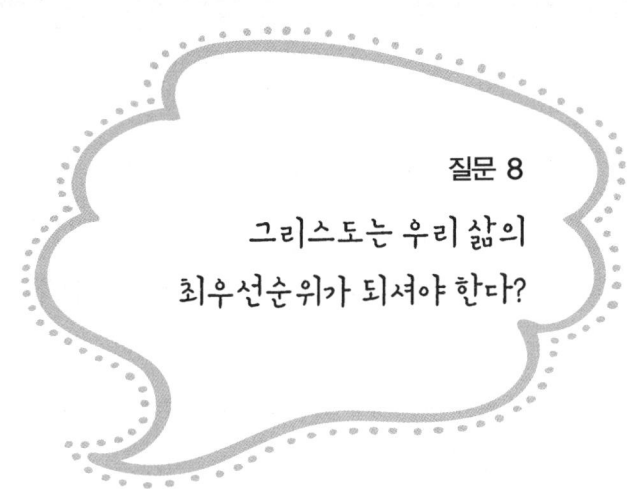

질문 8
그리스도는 우리 삶의 최우선순위가 되셔야 한다?

"그리스도가 우리 삶에서 최우선순위가 되셔야 한다."라는 이 말도 일견 일리가 있는 듯하다. 그러나 자세히 살펴보면 은혜의 삶에 맞지 않는 그릇된 내용이라는 것을 알 수 있다. 그리스도는 우리 삶의 최우선순위가 아니다. 그분은 우리 삶의 '전부'다. 예수 그리스도가 우리 삶의 첫 번째 자리를 차지하고 나면, 우리의 두 번째는 무엇인가? 세 번째는? 그 후에는 무엇이 더 있는가? 그리스도가 첫 번째가 되어야 한다는 것은 대단히 어리석은 생각이다. 왜냐하면 우리 삶이 여러 부분으로 나뉘어 예수님이 그중 어느 한 부분이 된다는 생각이 깔려 있기 때문이다.

우리의 신체를 예로 들어 보자. 만일 숨쉬기를 최우선순위로 두고 생활하라고 요구한다면 어떻겠는가? 아니면 누군가가 심장 박동이 삶의 최우선순위가 되어야 한다고 말한다면? 아마 그 의견에 동의하지 않는 사람들도 있을 것이다. "아니오. 순환계가 최우선순위가 되어야 하고, 그다음이 숨쉬기, 그다음이 심장 박동이 되어야 합니다."

정말 어리석은 논쟁이 아닌가? 우리 신체는 나뉠 수 없는 한 덩어리다. 그래서 어떤 것이 더 중요한지 우선순위를 둘 수 없다. 건강을 위해서는 신체 활동 하나하나가 다 중요하다. 모든 기관이 함께 작동해야만 건강을 유지할 수 있다.

마찬가지로 우리의 삶에서 예수 그리스도의 영향력도 분리될 수 없다. 결혼, 양육, 직장, 취미 등으로 우리 삶을 나눌 수 없는 것이다. 이 모든 영역이 합해져 하나의 삶으로서 우리의 생활방식을 이룬다. 그리고 예수님은 이 모든 영역 안에서 우리의 행동과 태도의 근원이 되신다.

예수 그리스도는 우리 삶의 첫 번째가 아니다. 그는 우리의 삶 그 자체다. 그는 우리를 구성하는 모든 것 되신다. 사도 바울은 골로새서 3장 4절에서 이렇게 말한다. "우리 생명이신 그리스도께서 나타나실 그 때에 너희도 그와 함께 영광 중에 나타나리라." 또한 빌립보서 1장 21절에서는 삶에 대해 이렇게 묘사한다. "이는 내게 사는 것이 그리스도니 죽는 것도 유익함이라."

  사도 바울이 그의 삶에 있어서 예수님을 최우선순위로 두지 않았다는 점에 주목하라. 사도 바울은 예수 그리스도와 연합하는 삶이야말로 자신의 정체성을 명확하게 드러내는 것임을 깨닫고 있었다. 바울이 이 깨달음을 설명한 말씀을 보자.

내가 그리스도와 함께 십자가에 못 박혔나니 그런즉 이제는 내가 사는 것이 아니요 오직 내 안에 그리스도께서 사시는 것이라 이제 내가 육체 가운데 사는 것은 나를 사랑하사 나를 위하여 자기 자신을 버리신 하나님의 아들을 믿는 믿음 안에서 사는 것이라 _갈라디아서 2:20

  바로 이것이다. 사도 바울은 자신의 삶을 예수 그리스도와 떼어놓지 않았다. 이는 우리에게도 동일하게 적용된다. 하나님을 우리 삶의 첫 번째로 두고 싶다는 말은 그럴듯하게 들리지만, 사실은 하나님과의 연합을 간과한 거짓말일 뿐이다.

  그리스도는 우리의 가족, 직업, 취미, 물질을 아우른 삶 전체로 인식되기를 원하신다. 이 의미를 알겠는가? 그는 당신의 최우선순위가 아니라 모든 것이다!

　예수님을 삶의 한 부분으로 생각하는 것은 잘못된 일이다. 아무리 첫 번째로 둔다고 해도 소용없다. 그는 우리의 모든 것 되시며, 우리의 중심 그 자체이기 때문이다.

　부부 관계 속에서 배우자에게 그리스도의 사랑과 생명을 표현하고, 내 안에서 자신의 생명으로 사시는 그리스도를 보고 있는가? 그렇다면 제대로 된 결혼생활을 하고 있는 것이다. 양육도 마찬가지다. 그리스도가 우리를 통해 우리의 아이들을 사랑으로 품고 인도하신다는 것을 알 때, 양육도 그의 생명을 표현하는 것이 된다. 직장에서도 그리스도가 우리의 활동에 생기를 불어넣는다는 것을 안다면 우선순위를 바르게 이해한 것이다.

　진실을 알면 예수님이 우리 삶의 첫 번째라는 생각이 아닌, 삶의 모든 것의 근원이 된다는 것을 깨닫게 될 것이다. 그는 우리 삶의 최우선순위가 될 수 없다. 그는 우리의 모든 것이기 때문이다.

질문있어요

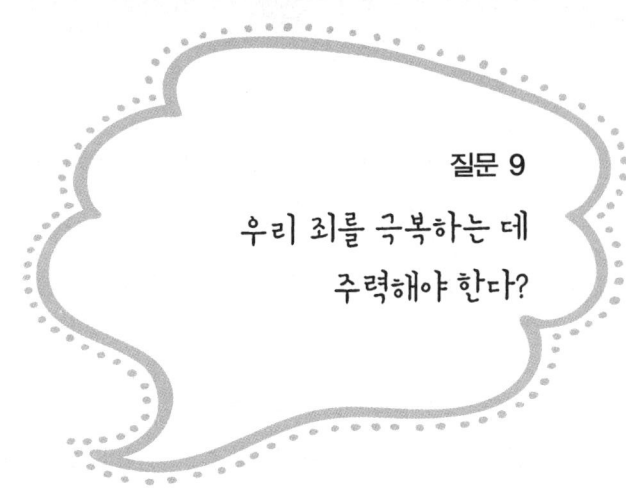

질문 9
우리 죄를 극복하는 데 주력해야 한다?

 죄를 다루는 기독교 서적, 설교, 성경 연구가 넘쳐 나는 것을 보면 기독교의 최대 화두는 죄라는 생각이 들 정도다. 마치 죄 관리$^{sin\ management}$가 목회의 이유이자 믿는 자들의 삶에서 가장 중요한 목표인 것처럼 보인다.

 수많은 신실한 그리스도인이 삶에서 죄를 극복하는 데 많은 생각과 에너지를 소모하고 있다. 잘못된 행동 대신 하나님께 영광 돌리는 행동을 할 수 있도록 최선을 다한다. 그러나 그들의 동기는 순수할지라도 목표와 초점은 잘못되었다.

 죄에 초점을 맞추어 죄를 제거하는 데 주력하는 접근법은 사실 잘못된 죄의 행동을 없애는 데 효과가 없을 뿐만 아니라, 오히려 그런 행동을 더 하도록 부추기는 결과를 초래한다. 성경은 우리에게 절대 죄에 초점을 맞추지 말라고 말한다. 오히려 그보다는 예수 그리스도에 온전한 관심을 기울이라고 한다.

사도 바울은 그가 은혜로 세운 교회들에게 죄에 초점을 맞추지 말고 그리스도를 바라보라고 경고했다. 그는 골로새 교회에 말했다. "위의 것을 생각하고 땅의 것을 생각하지 말라"(골로새서 3:2). 그는 로마 교회에도 경고했다. "육신의 생각은 사망이요 영의 생각은 생명과 평안이니라"(로마서 8:6).

죄에 초점을 맞추면서 죄를 극복하려고 하면 오히려 역효과를 낳는다. 잘못한 것에 시선을 고정하고 나쁜 행동을 극복할 방법을 찾으려고 하면 항상 자신의 의지와 결단을 수반한 계획을 세우게 되고, 그렇게 되면 우리 의도가 아무리 순수하다고 할지라도 결국 실패할 수밖에 없기 때문이다. 진심으로 하나님께 도움을 구한다고 해도 죄에 대해 성경이 말하는 바와 맞지 않는 접근법은 효과가 없다. 하나님은 우리가 정해 놓은 방법으로 우리를 돕는 분이 아니시다.

자기 수양을 통한 죄를 극복하려는 여러 방식은 모두 율법주의적인 생각에서 나온 것이다. 이러한 방식은 죄를 극복하기 위해 우리가 무언가 할 수 있을 것이라는 잘못된 희망을 불러일으킨다. 우리는 죄를 물리칠 필요가 전혀 없다. 예수 그리스도가 이미 죄를 이기셨기 때문이다. 그가 이루신 일을 우리가 다시 하려는 것은 그의 은혜가 충분함을 부인하는 것이며, 율법주의적인 방법을 통해 스스로 무언가를 해 보고자 하는 행위다. 하지만 율법주의적인 방법은 실패로 끝나게 되어 있다. 바울은 죄의 행위에 얽매여 있던 고린도 교인들에게 "죄의 권능은 율법"(고린도전서 15:56)이라고 경고했다.

자신이 정해 놓은 규칙과 결단으로 죄를 극복하고자 하는 율법주의적인 시도는 마치 불에 기름을 붓는 것과 같다. 죄를 멈추기는커녕 오히려 악화시킨다. 죄에 대한 승리를 맛볼 수 있는 유일한 길은 그리스도께서 이루신 일로 이미 우리가 소유한 승리를 믿는 일이다. 그는 죄를 단번에, 그리고 영원히 끝내셨다. 이 진실을 믿고 그가 이루신 일을 우리가 하려는 노력을 멈출 때 우리의 생활은 변한다. 그의 승리를 믿고 죄에 향해 있던 모든 관심을 그에게 돌리자. 그렇게 하면 우리에게 역사하던 죄의 권세는 그 능력을 잃게 된다.

히브리서 저자는 그리스도의 죽음은 죄를 영원히 멸하는 데 충분하다고 가르친다.

율법은 장차 올 좋은 일의 그림자일 뿐이요 참 형상이 아니므로 해마다 늘 드리는 같은 제사로는 나아오는 자들을 언제나 온전하게 할 수 없느니라 그렇지 아니하면 섬기는 자들이 단번에 정결하게 되어 다시 죄를 깨닫는 일이 없으리니 어찌 제사 드리는 일을 그치지 아니하였으리요 그러나 이 제사들에는 해마다 죄를 기억하게 하는 것이 있나니 _히브리서 10:1-3

히브리서의 저자는 구약 시대 제사장의 제사로는 사람들을 죄로부터 온전히 자유롭게 할 수 없었다고 지적하며 만일 구약의 제사가 사람들을 자유롭게 할 수 있었다면 두 가지 일이 일어났을 것이라고 말한다.

첫째, 제사를 그만 드렸을 것이다. 사람들의 죄가 완전하고 영구적으로 해결되었다면 제사장이 제사를 계속 드릴 필요가 없기 때문이다.

둘째, 제사를 드린 사람들이 다시 죄를 깨닫는 일은 없었을 것이다. 만일 사람들이 영구적으로 죄 씻음을 받았다면 깨달을 죄도 없기 때문이다.

직접 성경을 펴서 확인해 보라. 그리고 이 성경 구절의 의미를 확실히 이해하라. 성경은 만일 구약의 제사가 온전하고 영구적으

질문있어요

로 사람들의 죄를 처리했더라면 그들이 더 이상 죄에 초점을 맞추지 않았을 것이라 말한다. 그들이 '다시 죄를 깨닫는 일은 없었을 것'이라는 뜻이다. 왜일까? 완전히, 영원히 사라진 것에는 관심을 쏟지 않아도 되기 때문이다.

그러나 구약시대의 제사는 완전하고 영원한 해결책이 아니었으므로 제사장은 반복해서 제사를 드릴 수밖에 없었다. 그들은 매년 속죄일에 제사를 드렸다. 그리고 사람들은 자신의 죄가 가진 본성을 해마다 기억했다. 이는 황소와 염소의 피가 능히 죄를 없이 하지 못하기 때문이었다(히브리서 10:4).

계속해서 히브리서 10장은 예수님에 대해 말한다. 예수님은 성부 하나님께 말했다. "보시옵소서. 내가 하나님의 뜻을 행하러 왔나이다." 그렇다면 아들을 향한 아버지의 뜻은 무엇일까? 히브리서 10장 9절에 그 답이 나와 있다. "그가 그 첫째 것(언약)을 폐하심은 둘째 것을 세우려 하심이라."

이것이 바로 예수님이 우리 죄를 위하여 자신을 온전한 제물로 바치시며 이루신 일이다. 그는 우리가 일생에 범하는 모든 죄를 없애시고 우리의 옛 자아를 십자가에 못 박으셨다. 옛 자아는 우리에게 죄를 짓게 하는 근원이다. "우리가 알거니와 우리의 옛 사람이 예수와 함께 십자가에 못 박힌 것은 죄의 몸이 죽어 다시는 우리가 죄에게 종 노릇 하지 아니하려 함이니"(로마서 6:6). 그는 매번 속죄와 죄를 기억해야만 하는 옛 언약을 폐하셨다. 그리고 새로운 언약을 보이셨다. 새 언약 아래에서 우리의 죄는 완전히 처리되었고 우리는 더 이상 죄에 초점을 맞출 필요가 없어졌다! 구약의 제사장은 계속해서 제사를 드려야 했으나 예수님은 십자가에서 죽으시며 이렇게 외치셨다. "다 이루었다!"

제사장마다 매일 서서 섬기며 자주 같은 제사를 드리되 이 제사는 언제나 죄를 없게 하지 못하거니와 오직 그리스도는 죄를 위하여 한 영원한 제사를 드리시고 하나님 우편에 앉으사 _히브리서 10:11-12

히브리서 저자의 말을 기억하라. 예수님은 구약의 제사로는 할 수 없는 일을 하셨다. 그는 우리 죄를 완전히 없애시고 더 이상 우리가 죄에 초점을 맞추지 않게 하셨다. 그 후 하나님 우편에 앉으셨다. 피곤해서 앉으셨던 게 아니다. 죄에 대해 더 이상 할 일이 남아 있지 않았기 때문이었다.

우리가 죄를 극복하는 데 열중해야 한다는 거짓말은 상당히 위험하다. 우리의 관심을 예수님으로부터 멀어지게 하기 때문이다. 그뿐만 아니라 그리스도의 능력이 아닌 죄에 초점을 맞추어 스스

질문있어요

로 문제를 해결할 수 있다고 착각하게 한다. 이 장에서 내가 말하는 내용이 죄를 과소평가하는 것 같은 느낌이 든다면 곰곰이 생각해 보기 바란다. 죄를 과소평가하는 것은 내가 아니라 오히려 죄에 초점을 맞추고 그것을 극복해야 한다고 가르치는 사람들이다. 그들이야말로 죄가 별것 아니므로 종교적인 자기 수양으로 극복될 수 있다고 말하는 것이 아닌가?

단 한 분만이 우리의 죄를 해결할 능력이 있다. 그리고 그는 완벽하고 온전하게 죄의 문제를 해결하셨다. 우리는 더 이상 유혹의 지뢰를 밟아 죄로 무너져 버릴까봐 조마조마하며 마음을 졸이고 살지 않아도 된다. 우리 아버지가 이미 우리를 위해 깨끗하게 쓸어 놓은 은혜의 벌판을 아무런 걱정 없이 마음껏 뛰어다녀도 된다. 우리가 죄 때문에 무너지지 않고 살 수 있도록 돌보시는 것은 아버지의 몫이다.

그는 우리가 넘어지면 일으키시고 먼지를 털어 주시며 다시 뛸 수 있게 해 주신다. 이 진실을 안다면 우리는 더 이상 죄에 초점을 맞추지 않을 것이다. 오직 그에게 초점을 맞추라. 우리를 지배했던 죄의 성향과 유혹이 그 세력을 잃는 것을 보고 깜짝 놀라게 될 것이다.

질문 10
우리는 하나님께
죄를 용서해 달라고
계속 구해야 한다?

이왕에 죄에 대한 이야기가 나왔으니 지난 장에서 다룬 거짓말과 밀접한 관계가 있는 주제를 더 다루어 보겠다. 나는 지난 장에서 죄에 초점을 맞추지 말라고 이야기했다. 어떤 이는 그 말을 듣고 죄를 지었을 때 용서까지 구하지 말라는 것이냐고 질문할 수 있다.

매일(또는 더 자주) 죄 용서를 구해야 한다는 생각은 너무 뿌리 깊이 박혀서 사람들 사이에 진실처럼 받아들여지고 있다. 그렇다 보니 이에 의문을 제기하면 사람들은 정신 나간 이단으로 본다. 그만큼 죄를 용서해 달라고 구하는 것은 현대 교회가 의심 없이 받아들이는 사고 중에 하나다. 그러나 성경의 가르침은 이와 다르다.

질문있어요

세례 요한이 말했다. "보라 세상 죄를 지고 가는 하나님의 어린 양이로다"(요한복음 1:29). 하나님의 어린양이 세상에 온 목적은 무엇인가? 바로 세상의 죄를 대신 지기 위해서다. 세례 요한은 예수님이 세상의 죄를 담당하러 오신 것을 믿었을까? 당신은 믿는가? 그렇다면 예수님은 그 목적을 이루셨는가?

신약은 처음부터 끝까지 일관되게 예수 그리스도가 우리 죄를 사하러 이 땅에 오셨다고 가르친다. 그리고 십자가 위에 못 박힌 그리스도의 죽음이 죄의 문제를 완전히 해결했다고 말한다. 거짓말의 근본적인 원인은 정말로 이러한 성경 말씀을 모르거나 받아들이지 않는 데에 있다.

구약은 많은 상징으로 이 사실을 보여 준다. 그중 그리스도의 성취를 가장 잘 보여 주는 것은 속죄일의 속죄양이다. 당시 제사장에게 속죄양을 가져가면 제사장은 양의 머리에 손을 얹었다. 그것은 사람들의 죄를 양에게 전가하는 상징적 행위였다. 그리고 나서 양은 광야에 놓여 다시는 돌아오지 못했다. 이는 사람들의 죄가 떠나서 영영 돌아오지 않음을 명백히 상징한다. 제사장과 속죄양의 모습은 '하나님의 어린양' 이신 그리스도가 우리 죄를 처리한 모습과 같다. 그가 우리 죄를 없애셨기에 우리의 삶에서 죄는 더 이상 문제 되지 않는다.

예수님의 죽음과 부활 후에 죄 사함이 선포되었다. 그리스도에 대해 처음 듣는 회당의 사람들에게 사도 바울은 다음과 같은 복음을 전했다. "그러므로 형제들아 너희가 알 것은 이 사람을 힘입어 죄 사함을 너희에게 전하는 이것이며 또 모세의 율법으로 너희가 의롭다 하심을 얻지 못하던 모든 일에도 이 사람을 힘입어 믿는 자마다 의롭다 하심을 얻는 이것이라"(사도행전 13:38-39).

바울은 죄 사함이라는 좋은 소식을 전했다. 바울이 죄가 사해질 수 있다고 말했는가? 아니다. 그들의 죄가 이미 사해졌다고 말했다. 그들은 그 좋은 소식을 믿기만 하면 되었다! 모세의 율법 아래 있는 구약의 제물은 죄 사함의 표상이었지만 죄를 영구적으로 사할 수는 없었다. 그러나 예수 그리스도는 우리를 죄로부터 완전히 해방했다. 예수 그리스도는 완벽한 제물이기 때문이다.

이제 우리는 그리스도와 함께 연합되었고 완전한 용서를 받았다. 이 용서에는 '가끔', '때때로', 혹은 '우리가 무엇을 하면' 등의 수식어가 붙지 않는다. 용서는 예수 그리스도 안에 있다. 사도 바울은 에베소 교회의 사람들에게 말한다. "우리는 그리스도 안에서 그의 은혜의 풍성함을 따라 그의 피로 말미암아 속량 곧 죄 사함을 받았느니라"(에베소서 1:7). 골로새 교회의 사람들에게는 이렇게 말한다. "그가 우리를 흑암의 권세에서 건져내사 그의 사랑의 아들의 나라로 옮기셨으니 그 아들 안에서 우리가 속량 곧 죄 사함을 얻었도다"(골로새서 1:13-14).

이 구절 외에도 완전한 죄 사함을 증언하는 말씀들은 신약에 무수히 많다. 그런데 왜 사람들은 이 소식을 받아들이지 못할까? 주로 이 좋은 소식에 저항하는 사람들은 두 가지 근거를 내세운다. 첫째로 주기도문이다. "우리가 우리에게 죄 지은 자를 사하여 준 것 같이 우리 죄를 사하여 주시옵고"(마태복음 6:12).

나는 이들에게 예수님이 주기도문을 가르쳤을 때의 맥락을 파악하라고 말하고 싶다. 예수님이 주기도문을 가르쳤던 것은 죽음과 부활 전이었다. 이 사실은 매우 중요하다. 성경을 공부할 때는 그 구절이 무슨 뜻인지도 잘 알아야 하지만, 누가 언제 말했는가도 파악해야 한다. 이는 성경을 진실하게 이해하는 데 필수 요소다.

성경은 신약이 예수님 죽음 후에 시작된다는 점을 분명히 하고 있다. 그렇다면 예수님이 주기도문을 가르치셨을 때는 구약인가, 신약인가? 당연히 구약이다. 예수님이 은혜로 충만하여 사람들과 만났던 공생애 시기가 아직 구약이었다는 것을 인식해야 한다. 이 사실을 인식하지 못한 채로 성경을 읽으면 예수님이 하신 말씀이 무슨 뜻인지 혼란스러울 수 있다.

어느 날 어떤 사람이 와서 나에게 따지듯 물은 적이 있었다.

"그래서 예수님이 분명히 말씀하신 것을 따르지 말라는 말씀입니까?"

내가 되물었다.

"당신은 정말 예수님이 하신 말씀 하나하나를 행해야 한다고 믿습니까?"

그가 망설임 없이 대답했다.

"물론이죠! 예수님의 말씀은 나에게 진리와 생명이니까요!"

"좋습니다. 질문 하나 하죠. 당신 얼굴에 왜 아직 눈이 두 개 다 있나요?"

"무슨 말씀이시죠?"

나는 그의 눈을 가리키며 질문했다.

"예수님이 산상수훈을 가르치실 때 말씀하셨죠. 만일 우리가 음욕을 품으면 그 눈을 뽑아 버리라고요. 평생 한순간도 음욕을 품지 않은 남자를 본 적이 없었기에 드리는 말씀입니다. 설명 좀 해 주시겠어요?"

그 남자는 당황한 모습으로 자리를 떠났다. 중요한 것은 우리의 논쟁이 아니라 예수님의 말씀을 있는 그대로 적용해야 한다고 강하게 주장했던 이 남성조차도 그 말씀 중 신약을 사는 사람들에게 적용되지 않는 것들이 있음을 깨달았다는 사실이다.

질문있어요

결국 우리는 예수님의 말씀 자체뿐만 아니라 그 말씀을 누구에게, 어떤 뜻으로 하신 것인가를 매우 진지하게 살펴보아야 한다. 주기도문도 마찬가지다. 그는 구약의 성도들이 기도할 바를 가르친 것이다.

이런 설명에 반발심이 생기는가? 그렇다면 이 질문에 답해 보자. 당신은 예수님이 하신 모든 말씀을 자신에게 일관되게 적용하고 있는가?

주기도문을 가르쳤을 때와 동일한 맥락에서 예수님은 또 이런 말씀을 하셨다. 만일 우리가 다른 사람을 용서하지 않으면 하나님도 우리를 용서하지 않는다는 말씀이었다. 삶에서 이것도 적용하고 있는가? 이 말씀에 의하면 누군가를 용서하지 않은 사람은 지금 이 순간 하나님께 용서받지 못한다. 따라서 만일 그 상태로 죽는다면 지옥에 갈 것이다. 그리스도를 믿고 용서받았다고 말한 사람들 가운데 얼마나 많은 사람이 남을 제대로 용서하지 않은 채 살고 있는가? 생각해 볼 만한 문제다. 차라리 지금 우리가 완전히 용서받기를(실제로 용서받았다) 바라는 편이 낫다. 그렇지 않으면 믿는다고 하는 많은 사람들이 꽤 곤란한 상황에 처하게 될 테니 말이다.

완전한 용서에 이의를 제기하는 사람들이 두 번째 근거로 내세우는 구절은 요한일서 1장 9절이다. "만일 우리가 우리 죄를 자백

하면 그는 미쁘시고 의로우사 우리 죄를 사하시며 우리를 모든 불의에서 깨끗하게 하실 것이요."

기초적이고 분명한 사실부터 살펴보자. 만일 이 말씀이 끊임없는 죄 사함을 구해야 한다는 뜻이라고 생각한다면 신약이 말하는 다른 모든 말씀과 상충된다는 것을 알아야 한다. 신약의 수십 개 구절에서 그리스도의 십자가 사건의 결과와 죄 사함에 대해 말씀하고 있다. 요한일서의 한 구절 때문에 다른 모든 구절이 잘못되었다고 주장할 수 있는가?

믿음은 다른 모든 구절에 반하는 하나의 성경 구절만으로 형성되는 것이 아니다. 어떤 것이 모순되는 것처럼 보이면 다시 돌아가서 그 구절의 의미가 무엇인지를 더 면밀히 살펴봐야 한다는 사실을 명심하기 바란다.

요한일서 1장 9절의 의미를 확실하게 설명하겠다. 요한은 신자와 불신자가 공존하는 한 교회에 편지를 쓰고 있었다. 우리 신앙에 대적하는 메시지를 들고 온 거짓 교사들이 그 교회를 더럽히던 때였다. 훗날 영지주의자라고 불린 그들은 무엇이 죄인가에 대해 잘못된 가르침을 주었다.

당시 약한 믿음을 가진 사람들은 이 문제에 대해 혼란스러워했고 요한은 서신에서 그 문제에 대해 밝힌다. "너희를 미혹하는 자들에 관하여 내가 이것을 너희에게 썼노라"(요한일서 2:26). 이 서신은 연약한 신자들에게 누가 진리를 가르치고 거짓을 가르치는지 변별할 수 있는 기준을 제공하는 데 주된 목적이 있었고 1장 9절은 그것을 드러내는 것이다.

이 모든 것이 의미하는 바는 무엇인가? 우리가 죄를 지을 때 그냥 지나쳐 버려도 된다는 것인가? 죄는 중요하지 않다는 것인가? 그렇지 않다! 죄를 범했을 때 이를 인정하고 고백하는 것은 예수님을 따르는 사람의 특성이다. 우리는 죄를 지었을 때 주님 앞에 솔직하게 고백해야 한다. 그러나 죄의 고백은 용서를 위한 것이 아니다. 오히려 우리가 이미 용서를 받았기 때문에 죄를 고백하는 것이다.

요한일서 1장 9절의 용서를 잘못 이해해서 끙끙대는 일이 없었으면 한다. 신약의 다른 구절들은 모두 우리 죄가 완전히 용서받았다고 분명히 말한다. 과거의 죄, 현재의 죄, 미래의 죄까지 말이다. 그런데도 요한일서 1장 9절에 집착해 용서를 계속 구할 필요가 없다는 메시지를 꺼리는 사람이 많다. 참 놀라운 일이 아닌가? 이들은 우리의 모든 죄를 용서받았다고 분명히 말하는 그 외의 다른 성경 말씀에는 눈을 감고 있는 셈이다.

죄의 고백은 용서받았다는 사실을 체험하게 해 준다. 그러나 이 고백 때문에 용서를 받는 것이 아니다. 용서는 이미 예수 그리스도가 십자가에서 이루셨다!

하나님께 계속 죄의 용서를 구해야 한다고 믿는다면, 자신을 억압할 거짓말을 믿는 것이다. 이 거짓말은 항상 죄를 의식하며 살게 한다. 그러나 신약이 말하는 "그리스도의 이루신 역사로 우리의 모든 죄가 깨끗이 사라졌다."라는 가르침을 믿는다면 우리가 100퍼센트 완전히 용서받았다는 사실과 예수 그리스도에 초점을 맞추며 살 수 있다. 이것이 바로 우리를 자유하게 할 진실이다.

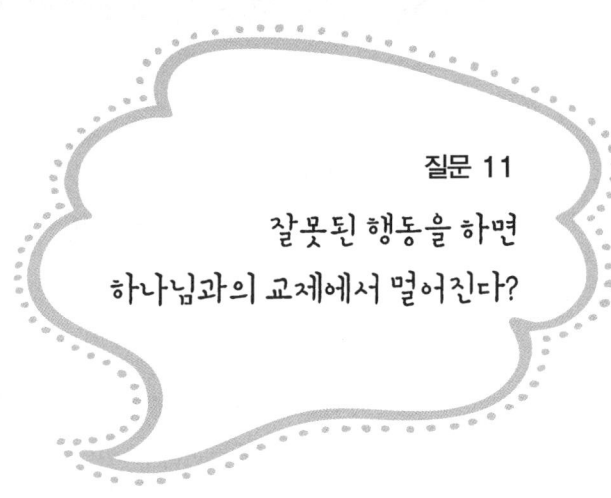

질문 11
잘못된 행동을 하면
하나님과의 교제에서 멀어진다?

　　　　　　　　　　　'하나님과 사이(교제)가 멀어졌다.' 우리는 이런 말을 많이 듣는다. 무슨 말일까? 하나님과 우리가 서로 대치 상태에 있다는 말인가? 아니면 둘 사이에 긴장감이나 거리가 있다는 말인가? 사실 교제fellowship라는 단어는 오늘날 교회 밖에서는 잘 쓰지 않는 용어다. 이 단어는 성경의 단어로서 '친밀함, 서로 연합됨, 하나됨' 이라는 의미다. 어찌 보면 꽤 영적인 말처럼 들린다.

　그러나 여기에는 문제가 있다. 이미 우리 안에 사는 분과 우리가 나뉘거나 멀어질 수 있는가? 불가능하다. 즉 우리가 잘못된 행동을 하면 하나님과의 교제가 단절될 수 있다는 생각은 거짓이다.

이는 우리가 교회에서 쓰는 상투적인 말 중 하나로 꽤 그럴싸하게 들리지만 성경적이지는 않다. 우리의 행동으로는 하나님과의 교제가 단절될 수 없기 때문이다.

물론 우리가 죄를 지었을 때, 또는 잘못된 일을 했을 때, 하나님과의 교제에 관한 우리의 인식은 급격하게 변화한다. 이 상황은 누가복음 15장의 탕자 이야기에서 잘 묘사된다. 젊은 탕자가 먼 타국으로 떠났을 때 아버지는 어떠했는가? 아들을 더 이상 사랑하지 않았는가? 화를 냈는가? 아들에 대한 마음이 변했는가? 전혀 그렇지 않다. 성경은 그러한 가능성조차 내비치지 않았다.

탕자는 아버지를 떠나 방황할 때, 자신이 아들로서 누리던 특권을 상실했다. 그러나 아버지에게는 무슨 변화가 있었는가? 아무 변화도 없었다. 아들을 향한 그의 사랑과 넓은 마음은 조금도 변하지 않았다. 그의 아버지는 여전히 좋은 집에 있었으나 집을 떠난 아들 때문에 울었고, 아들의 어리석은 선택에 슬퍼했다. 자기 아들이 상처받는 것이 너무나 싫었던 것이다.

하지만 아들은 달랐다. 그는 돼지우리에 있으면서, 아버지와의 교제에 관해 큰 인식의 변화를 겪었다. 그는 자신의 잘못으로 인해 아버지와 관계가 소원해졌다고 생각했다. 그래서 집에 돌아가려고 결심했을 때 아버지께 뭐라고 말해야 할지도 생각했다. 그는 집에 가서 이렇게 말할 참이었다. "내가 하늘과 아버지께 죄를 지었사오니 지금부터는 아버지의 아들이라 일컬음을 감당하지 못하겠나이다. 나를 품꾼의 하나로 보소서. 더 잘하겠나이다."

그러나 그가 집에 도착했을 때, 아버지는 그런 말을 할 기회조차 주지 않았다. 아들을 만나러 그저 맨발로 뛰어나가 얼싸안았을 뿐이다. 사실 고대 근동 문화권에서는 아버지들이 그렇게까지 사랑을 표현하지 않았다. 당시 이 아버지처럼 외투를 걷어붙이고, 다리 속살을 드러내며 기쁨에 겨워 온 힘을 다해 뛰는 것은 품위 없는 행동이었다. 그러나 아버지는 개의치 않았다. 자신의 어리석음을 깨닫고 아들로서의 지위를 누리기 위해 집으로 돌아온 아들을 보고 가슴이 벅차올랐던 것이다. 그만큼 아들을 다시 찾은 아버지의 사랑은 특별했다.

예수님은 어리석은 자녀들을 향한 성부 하나님의 사랑도 이 아버지의 마음과 같다고 설명했다. 자녀들은 샛길로 빠진 자신을 향한 아버지의 태도가 변했을 것이라고 잘못 생각하지만 아버지의 관점에서 보면 아들과의 교제는 항상 그대로였다. 아들이 그 교제를 누리지 못했을 뿐이다. 이것이 바로 우리들의 모습이다. 우리를 향한 아버지의 마음은 절대 변하지 않는다. 우리가 잘못했을 때, 아버지와의 교제가 단절되었다고 여겨지는가? 우리의 왜곡된 생각 속에서만 그렇다. 실제로는 아버지와 우리는 항상 하나다. 가장 가까운 관계인 것이다.

사도 요한은 다음과 같이 말한다. "우리가 그에게서 듣고 너희에게 전하는 소식은 이것이니 곧 하나님은 빛이시라 그에게는 어둠이 조금도 없으시다는 것이니라 만일 우리가 하나님과 사귐이 있다 하고 어둠에 행하면 거짓말을 하고 진리를 행하지 아니함이거니와"(요한일서 1:5-6).

하나님은 빛이시고, 우리는 하나님 안에 있다. 그러므로 우리는 빛 안에 있다. 하나님이 빛이시므로 우리는 어둠 속에서 행하지 않는다. 그의 안에는 어둠이 전혀 없기 때문이다. 물론 죄가 우리의 시야를 가려서 잠시 어두운 것처럼 보일 수 있다. 그럴 때조차 우리는 빛 가운데 있다. 따라서 '어둠 속에 있다'거나 '교제가 단절되었다'라는 말은 진실이 아니다.

사도 요한은 계속해서 말한다. "그가 빛 가운데 계신 것 같이 우리도 빛 가운데 행하면 우리가 서로 사귐이 있고 그 아들 예수의 피가 우리를 모든 죄에서 깨끗하게 하실 것이요"(요한일서 1:7).

'교제'는 그리스어로 코이노니아 *koinonia*, '유대, 단체, 공동 참여'라는 뜻이다. 아버지와의 유대 관계는 우리의 행동이 아닌, 그의 은혜로 결정된다. 때로 교제가 단절된 것 같은 느낌을 받아도 실상은 그렇지 않다.

매 순간순간 우리가 그가 주시는 은혜의 빛 안에서 살아가고 있다는 것을 깨닫고 그 진실을 마음에 새긴다면 아버지와의 교제 가운데 살고 있으며 예수님의 보혈로 모든 죄가 완전히 씻김을 받은 상태라는 의미를 몸소 체험하여 알 수 있다! 우리가 알든 모르든 이는 변함없는 사실이다. 그렇지만 우리가 하나님과의 교제 가운데 있고 모든 죄가 씻어졌다는 사실을 아는 것은 얼마나 큰 기쁨인가!

교제는 우리의 감정에 영향을 받지 않는다. 예수 그리스도께서 이루신 역사로 우리가 하나님과 어떤 관계냐가 중요할 뿐이다. 사도 바울이 고린도 교회에 보내는 서신에 적은 인사말에서도 잘 볼 수 있다. 그는 고린도 교회의 잘못된 행동들을 고치려고 그곳에 3년간이나 머물렀다.

그런 그가 고린도전서의 초반부에서 이렇게 말한다. "너희를 불러 그의 아들 예수 그리스도 우리 주와 더불어 교제하게 하시는 하나님은 미쁘시도다"(고린도전서 1:9). 그들이 올바르게 행동했기 때문에 하나님과 교제할 수 있었던 것이 아니다. 하나님과 교제할 수 있었던 것은 오직 그 아들로 인해 하나님이 그들을 부르셨기 때문이다.

우리가 삶의 여러 부분에서 실패하더라도 하나님은 우리에게 신실하신 분이다. 그는 아무것도 변하지 않았다고 생각하신다. 우리가 변했다고 생각하는 것도 빛이 잠시 가려져 어두워진 생각 때문이다. 우리는 빛 가운데 살 수 있고 잠시 그 빛에서 가려질 수도 있다. 그러나 무엇도 우리가 빛 가운데 있다는 진실을 바꾸지는 못한다.

우리는 항상 하나님과의 교제 가운데 있다. 교제에 관한 우리의 인식이 바뀔 수는 있지만, 이것만은 반드시 기억하기 바란다. 진실의 기준은 우리의 감정이 아닌, 성경에서 말하는 하나님의 약속에 있다. 분명히 말하지만 우리가 잘못을 했을 때 하나님과의 교제가 단절된다는 말은 거짓이다. 우리 아버지는 항상 우리와의 교제 가운데 거하신다. 우리가 이 진실을 이해한다면 누군가의 강요나 죄책감으로 인해서가 아니라 주님이 주시는 은혜로 말미암아 자연스럽게 하나님께 영광 돌리는 생활을 하고 싶어질 것이다.

질문있어요

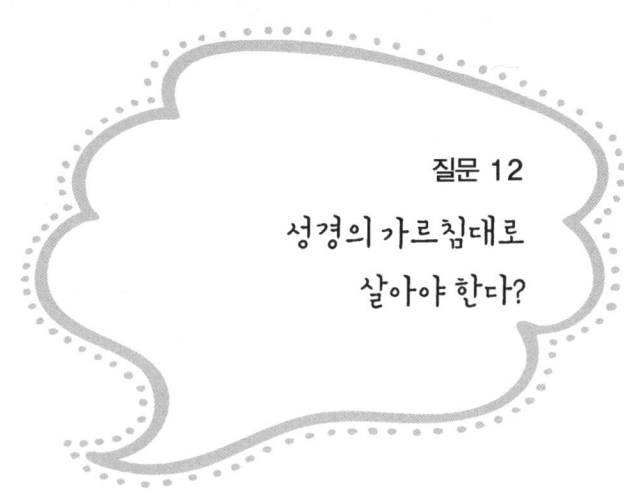

질문 12
성경의 가르침대로
살아야 한다?

　　　　　　　　　　우리가 성경의 가르침대로 살아야 한다는 말에 의문을 제기하면 교회에서 이상한 사람 취급을 받을 것이다. 성경은 우리가 어떻게 살아야 하는지를 구체적으로 가르쳐 준다고 평생 동안 배워 온 사람에게 성경에 따라 사는 것이 틀렸다고 하면 이상하게 들릴 수밖에 없다. 심각한 사이비처럼 보지 않는다면 오히려 다행이다.

　이 문제를 짚어 보기 위해 제일 먼저 근본적인 질문으로 돌아가 보아야 한다. 정말 성경은 우리가 어떻게 살아야 하는지를 가르쳐 주는 삶의 지침서인가? 그것이 성경의 목표인가? 답부터 말하자면 '그렇지 않다.'이다. 물론 성경이 의로 교육하기에 유익하다는 것은 틀림없는 사실이다.

모든 성경은 하나님의 감동으로 된 것으로 교훈과 책망과 바르게 함과 의로 교육하기에 유익하니 또는 이는 하나님의 사람으로 온전하게 하며 모든 선한 일을 행할 능력을 갖추게 하려 함이라 _디모데후서 3:16-17

그러나 여기서 한 가지 의문이 생긴다. 의로 교육하기 유익하다는 것이 무슨 뜻일까? 어떻게 행동해야 하는지를 배운다는 의미일까? 정말 우리의 행동 양식을 가르친다는 뜻인가?

그렇다면 의롭다는 것의 의미는 무엇인가? 이 질문에 관한 말씀을 통해 몇 가지 사실을 확실히 알 수 있다. 첫째, 의는 그리스도 안에서 우리에게 주어지는 선물이라는 점이다. 의는 우리가 어떤 행동을 했을 때 얻을 수 있는 것이 아니다. 로마서 5장 17절은 하나님이 주시는 은혜의 풍성함으로 우리가 의의 선물을 받았다고 말한다.

한 사람의 범죄로 말미암아 사망이 그 한 사람을 통하여 왕 노릇 하였은즉 더욱 은혜와 의의 선물을 넘치게 받는 자들은 한 분 예수 그

질문있어요

리스도를 통하여 생명 안에서 왕 노릇 하리로다 _로마서 5:17

우리가 받은 의의 선물은 무엇인가? 사도 바울은 고린도전서 1장 30절에서 이렇게 말한다. "너희는 하나님으로부터 나서 그리스도 예수 안에 있고 …… 우리에게 의로움이 되셨으니." 예수님이 바로 우리의 의로움이다. 우리가 한 일이 아닌, 그가 한 일이 의로움의 근거가 되는 것이다. 우리가 받은 의의 선물은 바로 우리의 의로움 되시는 예수님이다.

성경은 우리에게 의에 대해 말하면서 의는 그리스도 한 분이지 우리의 종교적 행동이 아니라고 가르친다. 이를 이해하면 성경의 목적이 우리를 예수 그리스도에게로 인도하기 위한 것임을 분명히 알게 된다. 성경은 모두 예수 그리스도에 관한 것이고, 그가 누구인지를 가르친다. 그가 우리 대신 한 일을, 우리를 향한 그의 사랑을 기록한다. 재차 강조하지만 성경은 우리와 우리가 할 일에 관한 내용이 아니다!

따라서 우리는 성경의 가르침대로 사는 것이 아니다. 우리는 우리 안에 거하시는 그리스도의 생명으로 산다. 성경은 그리스도에 대해, 그와 연합하여 사는 것의 의미에 대해 많은 것을 가르친다. 우리의 행동은 그 지식으로부터 흘러나오는 것이지 성경에서 도

출한 도덕 강령에 맞춰 행동하는 것이 아니다.

어떤 사람들은 이러한 관점이 우리 삶에서 성경의 역할을 축소하는 것이 아니냐고 반론할지도 모른다. 그러나 절대 그렇지 않다. 오히려 성경을 예수 그리스도의 아름다움을 드러내는 앨범이 아닌, 종교와 도덕 지침서로 보는 잘못된 견해가 성경의 본질을 훼손하는 것이다. 시중에 나온 많은 책이 삶의 도덕적 지침을 제공한다. 그러나 예수 그리스도의 영광과 아름다움을 나타내는 책은 단 한 권, 오로지 성경뿐이다!

성경의 가르침대로 살려고 노력하면서 오히려 성경의 가치를 폄하하지 말라. 성부 하나님은 성경을 통해 예수님을 보이시고 우리 삶에서 예수님의 모습이 드러날 때 어떤 일이 나타나는지 알려주신다. 이것이 우리를 향한 성부의 메시지임을 인정하고 성경이 지닌 가치를 높이 평가하라.

많은 사람들이 성경의 우선적 가치가 우리 삶의 지침을 알려주는 데 있다고 알고 있다. 예수님 시대에도 성경의 역할을 우리 행동을 지도하는 지침서 정도로 여기는 사람들이 있었다.

1세기 유대인들에게 세상에서 가장 엄격한 종교인들은 바리새인이었다. 그들은 성경에 정통했다. 국가의 지도자였고, 헌신적이

질문있어요

고 자기 수양적인 종교 수행자들이었다. 온 마음을 다해 성경의 가르침대로 살려고 노력하는 사람을 찾는다면 멀리 찾을 것 없이 바리새인을 보면 된다. 그들은 성경, 즉 구약을 손바닥 들여다보듯 훤히 알고 있었다. 그러나 예수님은 말씀하셨다. 그들이 성경의 핵심을 놓치고 있다고 말이다.

오늘날 예수님보다 오히려 성경을 더 자주 언급하는 그리스도인이 많다. 이는 위험 신호다. 성경 자체가 목적이 되어서는 안 되기 때문이다. 성경은 삶의 지침이 적힌 핸드북이 아니다. 성경은 예수 그리스도에 관한 은혜의 책이며, 예수 그리스도는 우리가 추구하는 목적이다. 성경에서 그리스도나 그의 안에 있는 의로움을 발견하지 못한다면, 바리새인처럼 성경의 핵심을 간과하고 있다는 뜻이다.

어떤 이들은 이 진실을 불편하게 느낄지도 모른다. 우리 삶에서 성경의 가치를 과소평가하는 것처럼 들릴 수도 있기 때문이다. 그러나 기억하기 바란다. 나 역시 평생 성경을 연구하고, 성경 자체를 강조하고, 성경을 가르쳤던 사람이다! 나는 말로 표현할 수 없을 정도로 성경을 사랑한다. 그러나 아이러니하게도 성경을 연구하고 가르치며 사람들이 그 안에서 위대한 축복을 찾을 수 있도록 돕는 것을 더욱 사모할수록, 성경 공부 자체가 중요한 것이 아님을 깨닫는다.

우리가 그 안에 살고 그가 우리 안에 살면 우리는 성경에 올바로 접근할 수 있다. 그리스도가 삶의 근원이며 성경은 예수 그리스도에 관한 것임을 알면서 말이다. 말씀 자체로 살아 계신 그리스도가 성경을 통해 우리에게 자신을 드러내신다. 그리고 그의 생명으로 어떻게 살아야 하는지 가르쳐 주신다. 물론 우리는 성경을 사랑해야 한다. 그러나 더 중요한 것은 예수 그리스도의 생명으로 사는 것이다.

질문있어요

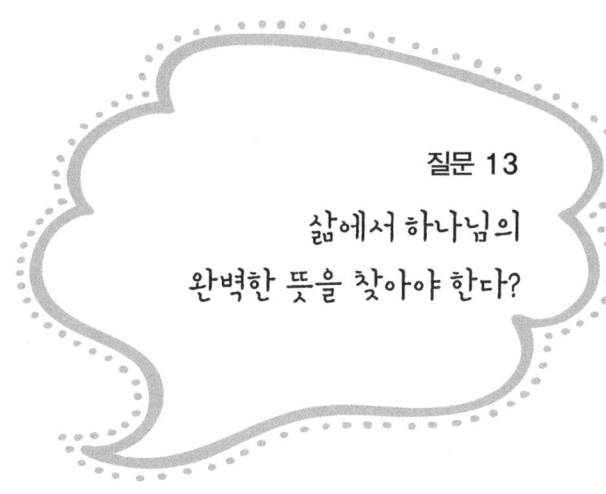

질문 13
삶에서 하나님의
완벽한 뜻을 찾아야 한다?

현대 교회에서 우리에게 주어진 큰 지령 중 하나는 삶에서 하나님의 뜻을 발견하고 그것을 이루어야 한다는 것이다. 즉 우리는 하나님의 완벽한 뜻을 찾아야만 한다. 우리를 향한 하나님의 뜻을 놓치고 살기를 바라는 사람은 아무도 없을 것이다. 그러므로 우리 삶에서 하나님의 뜻을 찾는 것은 참 좋은 일이 아니겠는가? 그러나 이 당연해 보이는 신념에 오류가 하나 있다. 바로 성경적이지 않다는 점이다. 성경 어느 곳을 찾아봐도 우리가 하나님의 뜻을 찾아야 한다는 말은 없다.

혹시 이 책에서 살펴보는 말씀에 관한 오해 중 한 가지 공통점이 있다는 사실을 눈치챘는가? 우리가 오해하고 있는 말씀 대부분은 하나님과 함께하는 삶에서 우리가 해야 할 일을 말한다. "해야 한다", "할 필요가 있다", "하는 것이 좋다"라는 느낌을 강하게 풍긴다. 하지만 의무감을 가지고 무엇인가를 해야 한다는 사고방식은 율법주의의 기본 토대가 된다. 그렇다 보니 사랑의 하나님이 이미 하신 일보다는 우리가 하는 일에 초점을 맞추게 된다.

하나님의 완벽한 뜻을 찾아야 한다는 주장도 그렇다. 많은 그리스도인이 하나님의 뜻을 놓쳤을까 봐(또는 향후에 놓칠까 봐) 전전긍긍한다. 그들은 과거의 선택에 회의를 품고 머리를 쥐어짜며 이것저것 생각한다. '과연 내가 하나님이 계획하신 배우자랑 결혼한 것일까? 하나님 뜻에 맞는 대학에 입학한 것인가? 하나님이 뜻하신 직장에 입사한 것일까? 나는 지금 하나님이 뜻하신 곳에서 살고 있는가?' 이와 같은 자기 회의로 지금 해야 할 선택도 제대로 하지 못하고 끙끙댄다.

한번 생각해 보자. 어떻게 그런 질문에 완벽한 답을 발견할 수 있단 말인가? 하나님은 보통 우리가 들을 수 있는 목소리로 말씀하시지 않는다. 이미 오래전부터 벽에 메시지를 남기는 일도 더 이상 하지 않으신다(내가 알기에는 기원전 539년 다니엘서 이야기 후로 그런 일이 없다). 그러니 사람들이 응답을 받으려고 미신적인 방법에 의존하는 것도 당연하다.

질문있어요

"삶에서 하나님의 완벽한 뜻을 찾아야 한다."는 말은 은혜롭지도 않으며 진실도 아니다. 그 중심에는 율법주의가 있을 뿐이다. 그렇다면 진실은 무엇일까? 바로 우리 삶에서 하나님의 뜻을 찾으려고 굳이 노력하지 않아도 된다는 것이다. 하나님은 그리스도와 우리의 관계를 통해 자신의 뜻을 알게 하신다. 그리스도가 우리의 삶이므로 성부 하나님은 아들과 함께하는 우리의 삶 속에서 자신의 뜻을 나타내신다. 우리가 노력해서 찾을 필요는 없다. 하나님이 우리에게 나타내실 테니 말이다.

신약은 그 어디에서도 믿는 자들을 향해 하나님의 뜻을 찾으라고 요구하지 않는다. 믿지 못하겠다면 신약에 그런 말이 언급된 구절이 있는지 직접 찾아보라.

그렇다면 성경에 이 주제와 관련된 내용이 있는가? 물론 있다. 바울은 로마서 12장 1절에서 하나님의 뜻을 아는 것에 관해 이렇게 말한다. "그러므로 형제들아 내가 하나님의 모든 자비하심으로 너희를 권하노니 너희 몸을 하나님이 기뻐하시는 거룩한 산 제물로 드리라 이는 너희가 드릴 영적 예배니라."

이것은 우리의 행동에 관해 바울이 로마서에서 기록한 두 번째 명령이라는 점에 주목해야 한다(첫 번째 명령은 6장 11-14절에 나오는 이와 유사한 짧은 권고다). 그는 무려 11장에 걸쳐 예수 그리스도 안에 있는 하나님의 은혜에 대해 가르친 후에야 비로소 우리가 무엇을 해야 할지를 말한다. 우리가 해야 할 일에 관한 주제를 다루기 전에 우선 그 명령의 기초가 무엇인지를 분명히 해야 하는 것이다. 그러나 우리는 예수 그리스도가 우리 안에 거하신다는 것과 우리가 예수 그리스도 안에 거한다는 것이 어떤 의미인지 잘 모르는 사람들에게 행동만을 지나치게 강요해 왔다.

바울은 우리가 예수님의 정체성과 그가 하신 일을 기초로 하여 (바울이 말한 '하나님의 은혜'가 가르키는 의미가 바로 이것이다.) 거룩한 순종으로 우리 자신을 온전히 드려야 한다고 했다. 이것은 하나님만이 하나님이시고, 우리는 하나님이 아니라고 인정하는 것이다. 우리가 해야 할 행동은 그것뿐이다. 단순하게 들리겠지만 이것이 바로 은혜다. 우리는 그가 누구이고 우리가 누구인지 안다. 이것을 깨닫는 것은 우리가 올바른 방향으로 가기 위해 내딛는 큰 첫걸음이 된다. 우리 자신을 완전히 그에게 맡기자.

바울은 덧붙여 말한다. "너희는 이 세대를 본받지 말고 오직 마음을 새롭게 함으로 변화를 받아 하나님의 선하시고 기뻐하시고 온전하신 뜻이 무엇인지 분별하도록 하라"(로마서 12:2).

바울은 우리 삶에서 하나님의 뜻을 아주 단순하게 분별할 수 있다고 말한다. 그냥 우리 자신을 하나님께 드리고 그의 뜻이 무엇인지를 보여 주실 것을 믿으면 된다.

세상은 말한다. "진행되어 가는 모든 일은 우리에게 달렸다." 그러나 그것은 하나님이 계획하신 방식이 아니다. 우리는 결코 세상이 생각하는 방식을 따르지 않는다. 우리는 주변 풍조나 사람들의 의견에 귀 기울이는 것이 아니라, 하나님이 진리의 기준이라는 것을 알고 그에게 순종해야 한다.

하나님의 뜻이 우리로부터 감추어진 양 그것을 발견해야 한다는 말은 거짓이다. 우리가 찾으려고 일부러 노력할 필요는 없다. 우리가 예수 그리스도에게 집중하면 우리를 향한 하나님의 뜻이 밝히 드러난다. 하나님의 뜻을 놓쳤을까 봐 전전긍긍하지 않아도 된다. 하나님이 친히 우리를 자신의 뜻 안에 두신다. 하나님이 뜻하신 것과 다르게 살까 봐 걱정하지 말라. 그가 모든 것을 돌보신다. 우리는 이를 은혜라 부른다. 바울은 데살로니가 교회에 보낸 서신에서 이렇게 말했다.

> 너희를 부르시는 이는 미쁘시니 그가 또한 이루시리라 _데살로니가전서 5:24

우리가 하나님의 뜻을 찾아야 한다는 거짓말에 속지 말라. 그런 헛된 부담감을 안고 살지 않아도 된다. 그렇다면 우리는 어떻게 반응해야 하는가? "범사에 감사하라 이것이 그리스도 예수 안에서 너희를 향하신 하나님의 뜻이니라"(데살로니가전서 5:18). 긴장하지 말고 우리 자신을 하나님께 맡기자. 그러면 하나님이 그의 때에 그의 방법으로 그의 일을 이루실 것이다. 우리가 해야 할 일은 단 한 가지뿐이다. "감사합니다!"라고 고백하는 것, 그것이 바로 우리를 향한 하나님의 뜻이다.

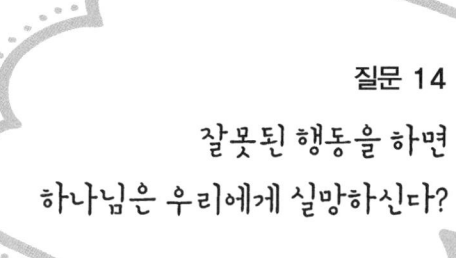

질문 14
잘못된 행동을 하면
하나님은 우리에게 실망하신다?

　　　　　　　　　　우리가 잘못된 행동을 했을 때 하나님께서 실망하신다는 거짓말은 현대 교회에서 사람들의 잘못된 행동을 바로잡는 데 꾸준히 이용되어 왔다. 이것은 종교 지도자들이 남발한 '죄책감 티켓'으로, 원하는 사람은 누구든지 받을 수 있다. 부끄럽지만 나도 그동안 섬기던 교회의 성도들, 상담받는 사람들, 친구들, 심지어 가족에게까지 이 죄책감 티켓을 마구 뿌려 왔다.

　　결론부터 말하자면 하나님이 우리에게 실망하신다는 말은 죄책감과 수치심을 이용한 마귀의 전략이다. 우리 대적은 우리가 죄책감에 빠지도록 이 거짓말을 자주 사용한다. "하나님을 실망시키지 마십시오!" "하나님이 여러분에게 기대하는 그 일을 하십시오!" "하나님이 실망하지 않도록 그분의 뜻에 따라 살아가세요." 나는 너무 오랫동안 이렇게 말해 왔다. 그런 가르침은 사람들로부터 열렬한 호응을 끌어낼 수는 있었지만 하나님의 목표를 성취하는 데에는 일절 도움이 되지 않았다.

하나님의 목표는 우리가 그의 사랑 안에 거하는 것이다. 그러나 우리가 잘못된 행동을 하면 하나님이 우리에게 실망하신다는 이 말처럼 사람들의 죄책감을 이용한 가르침은 사람들에게 수치심만 일으킬 뿐이다. 많은 사람들은 자신들이 하나님의 기대에 부응하지 못한다고 생각하기 때문이다.

자신이 하나님을 실망시켰다고 생각하는가? 실망스럽겠지만 우리는 하나님을 실망시킬 수는 없다. 이것이 성경의 진실이다. 우리가 하나님을 실망시킬 수 있다는 말은 거짓일 뿐만 아니라 불가능한 일이다.

잠시 실망이라는 단어의 의미에 대해 생각해 보자. 실망은 충족되지 않거나 실현되지 않은 기대의 결과물이다. 보통 어떤 사람이 특정 결과를 기대했는데 그러한 결과를 얻지 못했을 때 "실망한다."는 말을 쓴다. 그러나 하나님이 실망할 수 있다는 말은 하나님이 모든 것을 알지 못한다는 뜻이다. 하나님이 결과를 모르는 채

기다리면서 그가 원하는 방향대로 일이 진행되기를 바라고 있다는 의미이기 때문이다. 과연 맞는 말일까? 아니다. 하나님은 아무것도 바라지 않으신다. 그는 이미 모든 것을 알고 계시기 때문이다. 따라서 우리의 행동 때문에 실망하신다는 것은 불가능하다.

그는 인생에서 우리가 할 나쁜 일까지 다 알고 계시며 우리가 태어나기도 전부터 그 모든 것을 감당하셨다. 예수님이 십자가에서 세상의 죄를 대신해 돌아가셨을 때 우리가 저지를 죄 하나하나를 분명히 보셨다. 알고 지은 죄, 모르고 지은 죄를 다 보셨다. 그는 평생 우리가 무엇을 하고 무엇을 하지 않을지를 정확히 알고 계셨다. 그리고 그 모든 것을 감당하시고 영원히 없애셨다. 이처럼 우리가 한평생 할 일을 다 알고 있으신 그가 우리의 행동 하나에 놀랄 일이 있겠는가. 그러니 우리는 자신에게 실망할 수는 있지만 하나님은 우리에게 절대 실망하실 수 없다.

하나님이 우리에게 기대하는 것은 무엇일까? 아무것도 없다! 놀랍지 않은가. 그렇다면 왜 아무것도 기대하지 않으실까? 우리가 아무것도 할 수 없다는 것을 알고 계시기 때문이다. 성경은 "아무 육체도 주님 앞에서 자랑하지 못한다"고 말한다(고린도전서 1:29). 즉 인간은 누구도 하나님 앞에서 자랑할 수 없다는 뜻이다.

이는 인간의 자존심을 짓밟는 성경적 사실이다. 사람들은 화를 내며 묻는다. "그래도 하나님이 적어도 우리가 옳은 일을 하기를 기대하지 않으실까요?" 분명히 알아야 할 사실이 하나 있다. 이 질문은 하나님의 관심이 우리가 도덕적으로 행동하는 것에 있다는 의미를 내포하고 있다. 그러나 이는 결코 사실이 아니다. 종교에서 도덕적 삶은 큰 부분을 차지하지만, 하나님이 중요하게 여기시는 것은 그것이 전부가 아니다. 하나님은 우리가 그를 친밀하게 알기를 원하신다. 이것이 구원의 핵심이다(요한복음 17:3). 그를 친밀하게 알 때 우리 삶의 모든 행동이 그 앎을 표현하게 된다.

예수님이 하신 포도나무와 가지 비유가 바로 그것이다. 그는 말했다. "나는 참포도나무요 내 아버지는 농부라…… 내 안에 거하라 나도 너희 안에 거하리라 가지가 포도나무에 붙어 있지 아니하면 스스로 열매를 맺을 수 없음 같이 너희도 내 안에 있지 아니하면 그러하리라"(요한복음 15:1, 4).

끊어진 가지는 생명이나 열매를 맺을 능력이 없다. 끊어진 가지가 살아나려면 생명의 원천에 붙어서 그 포도나무의 생명이 가지를 통해 흐르도록 해야 한다. 그제야 끊어진 가지도 열매를 맺는다. 우리가 하나님께 붙어 있기만 하면 우리가 표현하는 모든 행동의 원천은 바로 하나님이 되신다.

질문있어요

우리가 스스로 할 수 있는 일은 없다. 예수님은 이렇게 말씀하신다. "나는 포도나무요 너희는 가지라 그가 내 안에, 내가 그 안에 거하면 사람이 열매를 많이 맺나니 나를 떠나서는 너희가 아무것도 할 수 없음이라"(요한복음 15:5). 그렇다 보니 스스로의 의지로 '그리스도인의 삶'을 살려고 노력할 때 실패할 수밖에 없다. 기억하라. 우리는 기대와 다른 일로 자신에게 실망할 수 있지만, 아버지는 우리에게 일어날 모든 일을 이미 알고 계신다.

하나님을 실망시켰을까 봐 죄책감이나 두려움에 사로잡히지 않아도 된다. 모든 상황에서 우리의 중심은 하나님이 되어야 한다. 하나님은 우리가 우리의 행동 때문에 자책감에 빠지지 말고, 그럴 때일수록 그를 바라보기를 원하신다.

하나님에게 우리의 행동이 중요할까? 물론 중요하다. 그러나 잊지 말기 바란다. 우리가 죄를 지을 때 우리는 스스로에게 실망한다. 하지만 그는 여전히 우리를 사랑하셔서 우리가 그릇된 선택으로 상처받지 않기를 원하신다. 우리를 향한 하나님의 마음은 사랑으로 넘쳐서 무엇도 하나님의 자녀로서 느끼는 우리의 기쁨을 빼앗지 않기를 원하신다.

누가복음 15장의 탕자 이야기를 기억하는가? 우리는 탕자의 아버지를 통해 성부 하나님의 마음을 엿볼 수 있다. 아들이 돼지우리에서 집으로 돌아올 때였다. 그는 어리석은 선택으로 돼지우리에 머물러 있으면서 온몸에 오물을 묻히고 고약한 냄새를 풍기고 있었다. 아마 자신에게 크게 실망했을 것이다. 그러나 성경은 아버지가 아들을 보았을 때 그에게 달려가서 껴안고 입을 맞추었다고 말했다.

아들은 자신의 어리석음 때문에 실망했을 아버지에게 그간의 행동을 변명하려고 했다. 그러나 준비했던 말을 입 밖에 꺼내기도 전에 아버지는 종들에게 말한다. "이 아이를 씻겨라! 내 아들이 돌아왔다. 몸에 때를 벗기고 가장 좋은 옷으로 입혀라. 내 아이가 돌아왔다! 내 아이가 집에 돌아왔다는 말이다! 파티를 열자꾸나!"

이것이 실망한 아버지의 반응인가? 그렇지 않다. 아들은 자신에게 실망했을 수 있다. 그러나 아버지에게는 실망의 기색이 없다. 그러니 더 이상 수치심의 돼지우리에서 허우적거리지 말라. 대신 그의 팔에 안겨서 파티를 즐겨라.

질문있어요

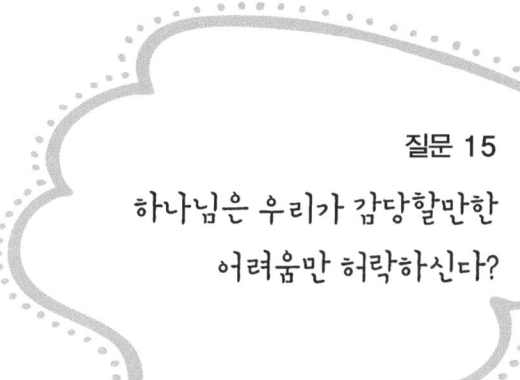

질문 15
하나님은 우리가 감당할만한
어려움만 허락하신다?

"하나님은 당신이 감당할 만한 어려움만 허락하세요." 힘든 일을 겪었거나 실의에 빠져 있는 그리스도인에게 이보다 더 진실한 위로의 말은 없을 것이다. 나는 어렸을 때부터 교회 안팎에서 이 말을 들어 왔다. 너무 많이 들어서 정말 당연한 말이라고 생각했다. 우리 하나님이 사랑의 아버지임을 감안하면 틀린 말도 아닌 것 같다.

흔히 많은 사람들이 고린도전서의 구절을 떠올리며 이 말이 성경적이라고 생각한다.

사람이 감당할 시험 밖에는 너희가 당한 것이 없나니 오직 하나님은

> 미쁘사 너희가 감당하지 못할 시험 당함을 허락하지 아니하시고 시험 당할 즈음에 또한 피할 길을 내사 너희로 능히 감당하게 하시느니라
> _고린도전서 10:13

좋은 말씀이다. 하나님이 우리가 감당하지 못할 시험 당함을 허락하지 않으신다고 말하고 있지 않은가. 그러나 이번 장에서 다루고자 하는 거짓말은 죄의 유혹(시험)에 관한 것이 아니라 하나님이 우리가 견딜 수 없는 짐은 허락하지 않으신다는 말에 관한 것이다. 우리는 죄로 인한 시험과 하나님이 주시는 시험의 차이를 구분해야 한다. 고린도전서 10장 13절의 말씀은 하나님께서 우리 안에 내주하시는 그리스도의 힘으로 우리가 견딜 수 없는 죄의 유혹을 이겨낼 수 있도록 하신다는 의미다.

삶에서 겪는 어려움과 시험은 죄의 유혹과는 별개의 문제다. 인간의 힘과 능력으로 처리할 수 없는 삶의 상황도 하나님이 허락하실 수 있다면 많은 사람들이 내 견해를 의심하거나 거부할 것이다. 그러나 사도 바울이 그렇게 말했다면 어떻게 하겠는가? 이 주제에 대한 사도 바울의 말을 살펴보자.

사도 바울은 자신이 당한 어려움을 감당하기 힘들다고 느꼈던 순간에 대해 이렇게 이야기한다.

질문있어요

> 형제들아 우리가 아시아에서 당한 환난을 너희가 모르기를 원하지 아니하노니 힘에 겹도록 심한 고난을 당하여 살 소망까지 끊어지고 _고린도후서 1:8

그렇다. 그는 너무 힘들어 살고 싶지 않았다고 말한다. 바울은 의심할 여지 없이 역사상 가장 영향력 있는 그리스도인이자 위대한 사도였다. 우리는 때로 성경의 영웅들을 치켜세우면서 그들이 우리와 같은 경험과 성정을 가진 인간이라는 사실을 잊는다. 하지만 그들도 우리만큼 고통스러워 했고 두려워 떨었다. 그들도 우리와 마찬가지로 믿음과 용기가 필요했다.

"힘에 겹다."는 표현을 살펴보자. 이 말은 NIV 성경이 가장 잘 표현한다. NIV 성경은 바울이 사용한 그리스어를 "견딜 수 있는 능력을 넘어서는 beyond our ability to endure"이라고 번역했다. 알겠는가? 앞서 내가 말한 것은 나의 개인적인 견해가 아니다. 사도 바울이 그렇게 말하고 있다. 그는 자신과 동료들이 "힘에 겹도록 심한 고난을 당하고 있다."고 했다. 다시 말해 바울이 겪었던 고난은 그가 견딜 수 없는 고난이었다. 이렇게 우리가 오랫동안 가지고 있던 잘못된 생각을 성경이 바로잡다니 흥미롭지 않은가?

이 말을 듣고 곧바로 의문이 생길 것이다. "하나님이 어째서 우리가 견딜 수 없는 짐을 주실까?" 사실 그는 우리를 너무나 사랑하시는 분이 아닌가. 그런데 도대체 왜 그런 일을 허락하신다는 말인가? 사도 바울은 답한다. "우리는 우리 자신이 사형 선고를 받은 줄 알았으니 이는 우리로 자기를 의지하지 말고 오직 죽은 자를 다시 살리시는 하나님만 의지하게 하심이라"(고린도후서 1:9).

하나님만 의지하는 그때 하나님이 우리가 감당할 수 없는 시험을 허락하시면서 이루시는 선하신 일을 볼 수 있다. 그는 우리에게 견딜 수 없는 어려움을 겪게 하심으로써 그와 그의 능력에 온전히 의지하는 법을 가르치시고 우리 자신의 노력을 멈추게 하신다. 그런 뒤 그 상황을 해결해 주시고 우리 마음에 그의 초자연적인 평안을 부어주신다. 그럴 때 우리는 승리의 근원이 누구인지를 아주 분명히 알게 되고 우리의 삶과 환경 속에서 주님을 의지하는 법을 더 깊이 배운다.

하나님이 우리가 견딜 수 없는 어려움은 허락하지 않는다는 거짓을 믿게 되면, 괜찮지 않은데 괜찮은 것처럼 행동해야만 하는 곤란에 처하게 된다. 이 때문에 다른 사람들과 함께 있을 때 자신이 겪는 어려움이 아무것도 아니라는 듯 가장하는 그리스도인이 많다. 하지만 그들의 마음속 깊은 곳에서는 늘 이런 질문이 맴돈

질문있어요

다. '만일 하나님이 정말 나를 사랑하신다면 왜 내가 겪는 어려움이 해결되지 않을까.'

그들은 이런 혼란 때문에 터무니없고 안타까운 결론을 내린다. 어떤 이들은 하나님에 대한 믿음이 충분하지 않기 때문에 자신이 어려움을 겪고 있으며 그로 인해 정신적으로 눌린다고 생각한다. 그리고 어떤 이들은 자기 삶에 감춰진 죄가 있다고 생각한다. 어떤 이들은 하나님은 우리가 감당할 만한 어려움만 허락하신다는 말을 떠올리며 모든 것이 괜찮다는 듯 다른 사람을 속이고 실제로도 그렇게 보이도록 행동해야 한다고 생각한다. 그런 가식적 외형을 '믿음'이라고 부르면서 말이다.

이런 거짓말에 속지 말라. 아버지는 때로 우리가 견딜 수 없는 어려움을 겪게 놔두시지만, 바로 그가 우리 대신에 그 어려움을 감당하신다. 그는 우리를 돌보시는 하나님이다. 한 발짝도 나아갈 수 없다고 느끼는가? 그에게 우리의 모든 근심을 내려놓아라. 그는 우리를 사랑하시고 우리가 겪는 어려움이 지나갈 때까지 우리를 지탱해 주시는 분이 아닌가! 우리는 어려움이 지나가는 동안 그의 품에서 쉬면 된다. 삶은 때로 힘겹고 고통스럽다. 그러나 고통스러울 때도 하나님이 우리와 함께하셔서 우리가 쓰러지지 않도록 굳건히 붙드시고 어려움을 무사히 통과하게 하신다.

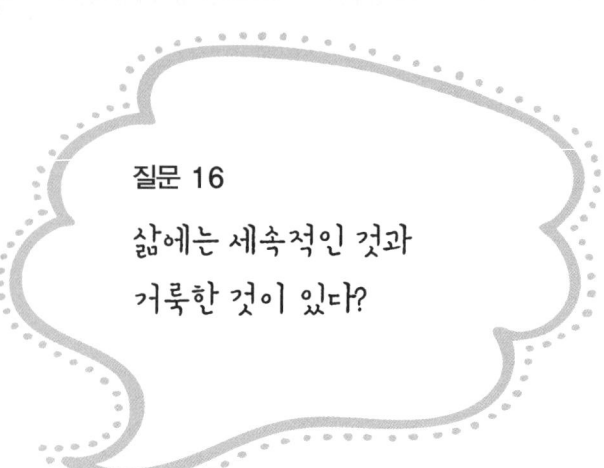

질문 16

삶에는 세속적인 것과
거룩한 것이 있다?

　　　　　　　　　　　　　　사람들은 삶에는 세속적인 것과 거룩한 것이 있다고 생각하며 이 두 가지를 기준으로 세상을 이원론적으로 구분하는 경우가 많다. 하지만 이는 사람들이 범하는 위험한 오류 중 하나다. 이렇게 세상을 두 가지 관점으로만 보는 것은 근거 없는 분리를 초래한다. 이 거짓말을 믿는 사람들은 삶의 '종교적' 부분만 믿음의 영역이고 그 외의 것들은 그리스도인의 믿음과 관계없다고 여긴다.
　'거룩함'이라는 단어를 들으면 무엇이 떠오르는가? 교회 건물, 성경, 성직자 등 종교와 관련된 것들이 떠오를 것이다. 그리고 '세속적'이라고 하면 무엇이 떠오르는가? 대충 우리 삶의 95퍼센트를 차지하는 모든 것이 떠오를 것이다. 다시 말해 교회 생활은 거룩하지만 직장 생활은 세속적이고, 기도 생활은 성스럽지만 오락은 세속적이라는 식의 사고방식이다. 이러한 예는 무궁무진하다. 하지만 이러한 임의적 구분은 진실이 아닐 뿐더러 건강한 생각도 아니다.

이런 구분은 성경을 근거로 하지 않은 그릇된 생각일 뿐만 아니라 예수 그리스도 안에 있는 우리 삶의 본질을 잘못 이해하고 있음을 드러낸다.

우리 삶은 '영적인' 생활과 '일반적인' 생활로 구분되지 않는다. 그리스도 안에서 우리 삶은 하나다. 우리가 어디 있든지 무엇을 하든지 동일하다. 세속적인 영역과 거룩한 영역을 왔다갔다하며 사는 것이 아니다. 우리 삶은 전부 거룩하다는 말을 잊지 말기 바란다.

본래 거룩함이라는 단어는 특별한 용도로 사용되도록 지정된, 즉 일반적이지 않은 사물을 표현할 때 사용된다. 반면 이와 대비되어 쓰인 세속적이라는 단어는 일상에서 흔히 사용되는 사물을 뜻한다. 구약의 성막에서 사용된 용품^{utensil}은 일상적이지 않았기 때문에 거룩한 것이었다. 그런 용품은 성막에서 특별한 용도로만 사용되었기 때문이다.

신약에서 예수님은 종종 일상적인 사물을 거룩하게 구분하셨다. 예수님이 말씀하시면, 추수 때가 됐을 뿐인 보통의 들판도 추수를 위해 일꾼이 필요하다는 말씀이 선포되는 거룩한 들판이 되었다. 예수님이 떼신 떡과 축복하신 포도주도 인류에게 주신 그의 생명을 표현하는 거룩한 사물이 되었다. 예수님이 말씀하시는 모든 것이 거룩하다. 이는 인간도 마찬가지라 오늘날 우리는 사도 바울, 성 베드로 등의 사람들을 거룩하다고 말한다. 그들이 어떻게 해서 예수님의 제자와 사도가 되었는지를 알고, 그것을 인정하기 때문이다.

그러나 한 가지 짚고 넘어가야 할 점이 있다. 이러한 구분이 성경의 인물에만 적용되는 것이 아니라는 점이다. 이는 우리에게도 적용된다. 하나님은 우리를 거룩한 예술 작품으로 창조하셨다.

> 우리는 그가 만드신 바라 그리스도 예수 안에서 선한 일을 위하여 지으심을 받은 자니 이 일은 하나님이 전에 예비하사 우리로 그 가운데서 행하게 하려 하심이니라 _에베소서 2:10

또한 우리를 그리스도인으로 구별하시고 그의 생명을 우리에게 부어주셨다. 그래서 우리는 거룩한 자가 되었다! 예수 그리스도는

질문있어요

우리 안에 살고, 우리는 그의 생명과 사랑을 표현하는 도구다. 예수 그리스도가 우리 안에 있으므로 우리는 어디든지 그와 함께 간다. 여기에는 놀라운 함의含意가 있다.

기억하라. 우리가 그의 안에 있다는 말은 항상 진실이다. 마치 공기가 우리 육체를 지탱해 주듯이 예수 그리스도는 우리 삶을 감싸고 계신다. 우리가 어디에 있든지 그가 함께하신다. 교회에 갈 때 그는 우리 안에 계신다. 직장에 갈 때도 그는 우리 안에 계신다. 심지어 예수님이 주신 의로운 성품을 가진 우리가 그것에 맞지 않는 장소에 갈 때도 그는 여전히 우리 안에 계신다.

성경은 우리가 거룩함을 받았다고 말한다. 하나님이 자신을 위해 우리를 구별하여 기적같이 거룩하게 만드셨다는 의미다. 우리는 예수 그리스도의 생명을 담는 그릇이자, 그것을 드러내는 통로다. 우리가 어디를 가든지 그 거룩함은 우리와 함께하고 우리는 우리 안에 내주하시는 그리스도의 능력으로 우리 환경을 거룩하게 한다.

성경은 사도 바울의 말을 통해 그리스도를 믿는 부인이 아직 그리스도를 믿지 않는 남편과 결혼한 상황을 그려낸다. "믿지 아니하는 남편이 아내로 말미암아 거룩하게 되고"(고린도전서 7:14). 즉 믿지 않는 그도 아내처럼 하나님께 선택된 사람이다. 그러니 곧 그도 믿게 될 것이다. 실제로도 그리스도를 믿는 부인의 거룩한 영향력으로 그리스도를 믿게 된 남편이 정말 많다.

그리스도의 성령이 우리 안에 있기 때문에 우리가 속한 환경은 평범하지 않은 거룩한 환경이다. 거룩한 우리가 이 세상 문화에 더럽혀질까 봐 걱정하지 않아도 된다. 예수님은 소위 '세속적인 세상'을 두려워하지 않으셨다. 오히려 세상에 발을 담그셨고 예수님이 그런 환경에 계심으로써 세속적이라고 여겨졌던 것들도 거룩해졌다.

이 원칙은 오늘날에도 적용된다. 우리가 그리스도 안에 있기 때문에 우리 삶의 모든 것이 거룩하다. 믿는 자로서 우리는 '우리 안에 있는 그리스도'가 삶의 모든 영역에 들어오시도록 해야 한다. 그의 영향력이 가정과 사업, 정부, 교회에까지 미치도록 말이다. 그러려면 우리는 방어적으로 살아서는 안된다. 지옥의 권세가 우리 안에 있는 그리스도를 이길 수 없음을 확신하며 세상에 뛰어들어가야 한다.

질문있어요

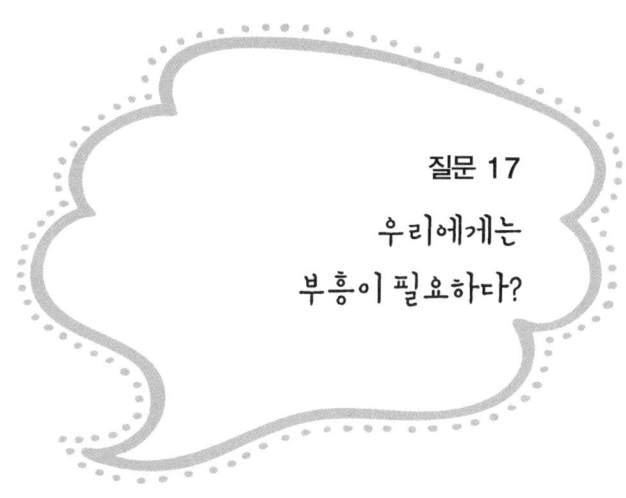

질문 17
우리에게는
부흥이 필요하다?

어렸을 때부터 교회를 다닌 사람이라면 교회에 부흥이 필요하다는 말을 귀에 못이 박히도록 들어왔을 것이다. 영적 지도자들의 말을 듣고 있노라면 마치 부흥이 교회의 만병통치약 같다는 생각이 들 정도이다. 하지만 진리처럼 보이는 이 말 역시 결코 성경적이지는 않다.

신약에 부흥이라는 말이 언급되어 있지 않다는 것을 아는가? 물론 성경에 특정하게 언급되지 않아도 진실인 것들이 있다. 예를 들어 삼위일체Trinity라는 단어는 성경에 없다. 그러나 우리는 모두 삼위일체가 성경적인 가르침이라는 것을 안다. 그 단어 자체가 성경에 나와 있지는 않지만 개념은 분명히 나와 있기 때문이다.

그러나 부흥은 그렇지 않다. 신약은 부흥에 관한 어떠한 가르침도 제시하지 않는다. 그래서 이 문제를 잠시 짚고 넘어갈 필요가 있다. 성경에서 부흥을 주제로 다룬 것은 구약에 있다. 거기에는 이유가 있다. 부흥은 구약의 개념이기 때문이다. 구약을 읽어보면 그리스도가 오시기 전에 이스라엘 백성은 수백 년 동안 정기적으로 범죄를 저지르고 우상숭배를 하고 다시 주께 돌아왔다는 것을 알 수 있다. 믿음 안에서 약해진 생활이 새롭게 살아나고 회복되는 것. 이것이 바로 부흥의 진정한 의미다. 이 단어가 개인에게 사용될 때는 그가 지치고 낙심하여 주님이 그에게 다시 한번 힘을 줄 것을 원한다는 뜻이 된다.

기독교 역사상 성령님이 매우 이례적인 일을 행하실 때가 있었다. 인간의 방법으로는 도무지 일어날 수 없는 일들 말이다. 18세기 영적 대각성운동Great Awakening(18세기 초에 일어난 앵글로색슨계 미국인의 종교 역사에서 빠르고 극적으로 나타난 신앙부흥운동 – 역자)이 대표적인 예다. 대각성운동을 이끌어 온 사람들조차 어떻게 그런 일이 일어났는지 설명하지 못한다. 인간의 방식으로는 다시 재현할 수 없는 사건이다.

오늘날 사람들은 부흥을 각기 다른 의미로 사용한다. 흔히 특별강사를 초청하여 교회에서 특별예배를 드리는 한 주에 부흥이라는 단어를 많이 사용한다. 영적으로 '각성'되어 '그리스도를 향한 많은 결단'이 있기 바라기 때문이다. 참석자 대부분이 믿는 자들이기 때문에 결국 그러한 '결단'은 '새로이 헌신하다'와 동일한 의미가 된다. 이렇게 결단하는 사람들은 주님과 동행하는 삶에서 자신에게 무언가 부족한 것이 있다고 생각했을 것이다. 그 때문에 새로운 열정과 헌신으로 결단하려는 것이 아니겠는가.

우리 중 상당수가 이러한 종교적 문화 현상에 동참하고 있다. 내가 어렸을 때 교회에서는 일 년에 두 차례 부흥성회가 열렸다. 그러나 그런 부흥은 불꽃처럼 피어올랐다가 바람처럼 사라지고 만다. 하지만 실망하지는 말라. 주님을 향한 새로운 열정과 열의라는 의미의 부흥을 경험하면서 영적으로 도전을 받았으니 말이다. 그러나 문제는 매년 그 부흥성회를 열어야만 했다는 데 있다. 이렇게 교회에서 똑같은 사람들이 매년 '새로이 헌신'하는 일은 아주 흔하다. 그러므로 구약의 해결책인 부흥은 신약을 사는 우리에게는 적절한 해답이 아니다.

우리에게는 부흥보다 더 나은 것, 즉 계시^{revelation}가 필요하다. 그래서 신약에서는 부흥을 언급하지 않았다. 신약은 오히려 우리가 이미 그리스도 안에 있음을 계속해서 환기시켰다. 바울은 교회의 부흥을 위해 기도하지 않았다. 오직 계시를 구했다.

이로 말미암아 주 예수 안에서 너희 믿음과 모든 성도를 향한 사랑을 나도 듣고 내가 기도할 때에 기억하며 너희로 말미암아 감사하기를 그치지 아니하고 우리 주 예수 그리스도의 하나님, 영광의 아버지께서 지혜와 계시의 영을 너희에게 주사 하나님을 알게 하시고 _에베소서 1:15-17

바울은 에베소 교인을 위해 어떻게 기도했는가? 그렇다면 그가 여러분을 위해서는 어떻게 기도할까? 분명 부흥을 경험하게 해 달라는 기도가 아닌, 우리의 마음을 열어 하나님을 알게 해 달라는 기도일 것이다. 하나님을 아는 이것이 그리스도를 따르고자 하는 '새로운 결단'으로 생겨난 일순간의 감정적 고취보다 더 값진 것임은 분명하다. 바울은 교회가 금세 사라져버릴 부흥보다 훨씬 더 큰 잠재력을 지닌 무언가를 알게 해 달라고, 즉 계시를 받게 해 달라고 기도했다. 그렇다면 바울은 믿는 이들이 무엇을 이해하기 원했던 것일까?

너희 마음의 눈을 밝히사 그의 부르심의 소망이 무엇이며 성도 안에서 그 기업의 영광의 풍성함이 무엇이며 그의 힘의 위력으로 역사하심을 따라 믿는 우리에게 베푸신 능력의 지극히 크심이 어떠한 것을 너희로 알게 하시기를 구하노라 _에베소서 1:18-19

그는 사람들이 마음의 눈이 밝아져서 하나님이 부르신 것의 유익이 무엇인지를 알기 원했다. 그리고 그리스도 안에서 누릴 수 있는 풍성함이 우리의 특권임을 이해하기 바랐다. 그래서 그는 우리가 우리 안에 내주하시는 살아계신 그리스도의 힘을 소유한다는 것이 어떤 의미인지 이해하기를 바라며 기도했다. 그 계시는 우리 마음을 일시적으로 움직이는 것이 아니다. 그것은 우리를 영원히 변화시킨다!

부흥은 왔다가 사라진다. 사람들을 흥분시키지만 이내 사라지고 마는 것이다. 하지만 사실 나는 많은 이가 '부흥성회'에서 그리스도를 따르기 시작했다는 사실도 인정한다. 그리스도는 그러한 성회에서 많은 성도의 마음을 어루만지신다. 이처럼 하나님은 모든 환경에서 일하신다. 그러나 한시적인 부흥보다 더 좋은 방법이 있다. 바로 예수 그리스도 안에 있는 우리가 누구인지를 아는 것, 즉 계시를 받는 것이다. 나는 약속할 수 있다. 그 계시는 결코 퇴색하지도, 사라지지도 않는다는 것을 말이다.

고린도후서 3장 7-11절에서 바울은 신약의 계시와 구약의 부흥이라는 개념이 가진 차이를 설명한다.

돌에 써서 새긴 죽게 하는 율법 조문의 직분도 영광이 있어 이스라엘 자손들은 모세의 얼굴의 없어질 영광 때문에도 그 얼굴을 주목하지 못하였거든 하물며 영의 직분은 더욱 영광이 있지 아니하겠느냐 정죄의 직분도 영광이 있은즉 의의 직분은 영광이 더욱 넘치리라 영광되었던 것이 더 큰 영광으로 말미암아 이에 영광될 것이 없으나 없어질 것도 영광으로 말미암았은즉 길이 있을 것은 더욱 영광 가운데 있느니라 _고린도후서 3: 7-11

바울은 구약의 영광과 신약의 영광을 비교하고 있다. 모세가 시내 산에서 하나님을 만났을 때 그의 얼굴이 영광으로 빛났던 것은 의문의 여지가 없다. 그는 산에서 새롭게 회복되었다. 그러나 그 회복이 이내 사라졌다는 것이 문제다. 그렇다. 구약의 부흥도 영광이지만, 그것은 신약의 영광과는 비교할 수 없다. 우리가 그리스도 안에서 우리의 정체성이 무엇인지를 아는 은혜의 계시를 받을 때, 절대 사라지지 않는 신약의 영광이 임하게 된다. 그 영광은 결코 퇴색되지 않는다. 두 번 세 번 강조할 필요도 없다.

질문있어요

바울은 이 논의를 이렇게 마무리한다. "우리가 다 수건을 벗은 얼굴로 거울을 보는 것 같이 주의 영광을 보매 그와 같은 형상으로 변화하여 영광에서 영광에 이르니 곧 주의 영으로 말미암음이니라"(고린도후서 3:18).

언뜻 부흥이 필요하다는 말은 좋은 말처럼 들리지만 진실이 되기에는 부족하다. 우리에게 가장 필요한 것은 부흥이 아니다. 우리에게는 예수 그리스도 안에서 우리가 누구인지를 알려줄 하나님의 은혜의 계시가 필요하다. 그 계시를 받을 때 부흥을 초월한 엄청난 영광이 있다. 이 영광은 절대 변하지 않는 영적 변화의 원천이 된다. 평생 사라지지 않을 변화 말이다.

우리 자신을 위해 에베소 교인을 위해 바울이 했던 기도를 해볼 것을 권한다. 우리 마음의 눈을 열어 우리의 정체성과 그리스도 안의 풍성함, 우리에게 주어진 하나님의 능력이 가진 위대함을 알게 해 달라고 말이다. 분명 우리에게 큰 변화가 생길 것이다.

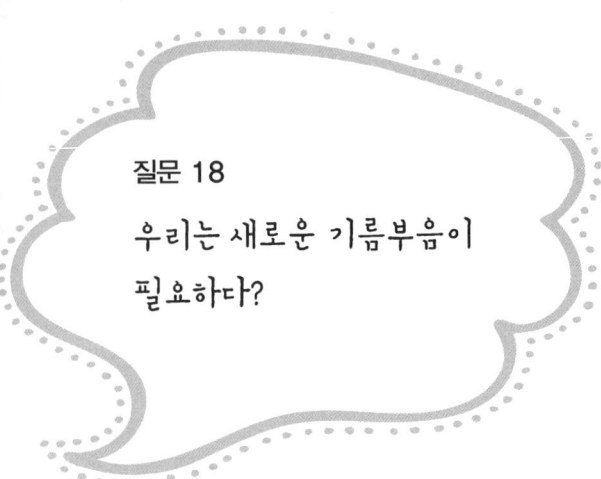

질문 18
우리는 새로운 기름부음이
필요하다?

　　　　　　　　　　　오늘날 많은 설교에서 "새로운 기름부음이 필요하다."는 말을 흔히 접하게 된다. 때로 새로운 기름부음이 마치 삶에서 겪는 어려움을 해결해 주는 열쇠인 듯 말하기도 한다. 이 말은 참 멋지게 들린다. 하지만 우리는 그 의미를 다시 한번 생각해 볼 필요가 있다.

　우리에게 새로운 기름부음이 필요하다는 말 속에는 하나님이 우리에게 줄 것이 더 남아 있다는 생각이 깃들어 있기 때문이다. 이런 말을 하는 사람들에게 한번 물어보라. "도대체 새로운 기름부음의 정확한 의미는 무엇인가요?" 그러면 이렇게 대답할 것이다. 대부분 "하나님이 주시는 또 다른 능력입니다." 마치 하나님이 우리 안에 있는 성령의 능력을 확장시키는 분인 것처럼 말이다. 하지만 이러한 생각은 성경의 가르침과 완전히 다르다.

분명히 말하건대 나는 사람들의 진심 어린 열정 자체를 비난할 의도는 없다. 그러나 잘못된 인식은 바로잡아야 한다고 본다. 특정 단어를 성경에서 의도하는 바와 다르게 사용하면서 생기는 문제를 방지하기 위해서다.

그렇다면 성경에서 말하는 '기름부음'은 무엇인가? 기름부음의 어원은 구약 시대로 거슬러 올라간다. 구약에서 기름부음이란 말 그대로 사람의 머리에 기름을 붓는 행위를 가리켰는데 이는 하나님이 어떤 사람에게 제사장, 혹은 왕과 같은 특별한 역할을 맡기고 권한을 부여하는 것을 상징했다. 즉 '기름부음'은 특별한 직위를 맡겨 하나님을 섬기기 위한 권한과 능력을 주는 것을 뜻한다. 이러한 기름부음을 처음 받은 사람은 아론인데, 그는 모세의 율법이 시작되던 때에 첫 대제사장으로서 기름부음을 받았다. 그 이후 선지자 사무엘은 사울과 다윗을 이스라엘의 왕으로 삼는다는 뜻으로 기름부었다. 이처럼 제사장들은 그 역할을 맡을 때마다 기름부음을 받았다. 다시 말하지만 기름부음의 의미는 특별한 직위로 하나님을 섬기기 위해 권한과 능력을 받는 것을 뜻한다.

기름부음을 받은 많은 이들 가운데 최고의 '기름부음 받은 자

Anointed One'는 예수 그리스도이다. 사실 '그리스도'는 예수님의 직위를 나타내는 말로써 '기름부음 받은 자'라는 의미이며 히브리어인 '메시아'도 그리스도와 같은 뜻이다.

그래서 예수님은 고향의 회당에서 이사야서 61장 1-2절을 택해 읽으며 다음과 같이 자신이 메시아임을 밝힌다.

주의 성령이 내게 임하셨으니 이는 가난한 자에게 복음을 전하게 하시려고 내게 기름을 부으시고 나를 보내사 포로 된 자에게 자유를, 눈 먼 자에게 다시 보게 함을 전파하며 눌린 자를 자유롭게 하고 주의 은혜의 해를 전파하게 하려 하심이라 하였더라 책을 덮어 그 맡은 자에게 주시고 앉으시니 회당에 있는 자들이 다 주목하여 보더라 이에 예수께서 그들에게 말씀하시되 이 글이 오늘 너희 귀에 응하였느니라 하시니 _누가복음 4:18-21

그 말을 듣던 사람들은 예수님이 스스로 메시아임을 밝히시는 이 말씀의 진짜 의미를 놓치지 않았고, 예수님이 계속 말씀하시자 화가 난 나머지 그를 죽이려고 일어났다.

예수님께서 메시아로서 기름부음을 받은 것은 요한에게 세례를 받으실 때였다. 그때 성령이 그에게 임하고 성부 하나님은 '이는

질문있어요

내 사랑하는 아들'이라고 말씀하셨다. 인간으로 오신 예수님의 공생애 시작을 선포하는 순간이었다.

그렇다면 우리도 '기름부음'을 받을 수 있을까? 답은 물론 '그렇다'이다. 그러나 언제, 어떻게 그 일이 일어나는지를 들으면 아마도 당신은 깜짝 놀랄 것이다.

신약은 영적인 기름부음을 거의 언급하지 않지만 기름부음에 관한 분명한 메시지를 전달한다. 사도 바울은 이렇게 말한 바 있다. "우리를 너희와 함께 그리스도 안에서 굳건하게 하시고 우리에게 기름을 부으신 이는 하나님이시니 그가 또한 우리에게 인치시고 보증으로 우리 마음에 성령을 주셨느니라"(고린도후서 1:21-22). 즉 우리 안에 그리스도가 있기에 우리는 이미 기름부음을 받았다는 것이다.

요한 역시 성도들이 거짓으로부터 진리를 분별할 수 있음을 믿는다고 기술하며 기름부음에 관해 다음과 같이 말한다. "너희는 거룩하신 자에게서 기름 부음을 받고 모든 것을 아느니라"(요한일서 2:20). 요한이 성도들에게 기름부음이 필요하다고 말하는 대신 그들이 이미 기름부음을 받았다고 말한 것을 주목하라.

또한 요한이 말한 기름부음은 믿는 사람 중 어떤 특정 부류만을 지칭하지 않고 모든 믿는 자들을 대상으로 한다는 점도 기억해야 한다. "너희를 미혹하는 자들에 관하여 내가 이것을 너희에게 썼노라 너희는 주께 받은 바 기름 부음이 너희 안에 거하나니 아무도 너희를 가르칠 필요가 없고 오직 그의 기름 부음이 모든 것을 너희에게 가르치며 또 참되고 거짓이 없으니 너희를 가르치신 그대로 주 안에 거하라"(요한일서 2:26-27).

위의 내용을 정리해 보면, 우선 예수 그리스도 자체가 하나님의 기름부음이다. 우리 안에 거하시는 그리스도의 영, 이것이 바로 기름부음이라는 거룩한 능력이다. 그리고 지금 이 순간 우리 안에 그의 생명이 있기 때문에 우리는 기름부음을 받은 자다.

하나님께 크게 쓰임받기 원하는 사람들의 선한 의도나 열정을 비판하려 하는 것은 아니다. 그들의 열정은 칭송받아 마땅하다. 오늘날 사람들이 일반적으로 말하는 기름부음은 하나님께 쓰임받는다는 의미일 것이다. 내가 설교하기 전 사람들은 종종 이렇게 기도한다. "주님, 목사님에게 특별히 기름을 부어 주옵소서." 나는 그들이 말하고자 하는 '기름부음'이 어떤 의미인지를 안다(물론 하나님도 아실 것이다). 그렇기에 그들이 나를 위해 드리는 그 기도에 감사한다.

별 것 아닌 단어 하나를 가지고 트집을 잡으려는 것이 아니다.

성경적이지 않은 단어로 해당 주제를 해석할 때 잘못 이해하게 될 가능성이 늘 있기 때문이다. 예를 들어 많은 성도들은 '기름부음'이 자신과 다른 영적 수준에 있는 '특별한 사람들'을 위한 전유물이라고 생각한다. 또 어떤 사람들은 '평신도'는 기름부음을 받을 수 없다고 여긴다. 그러나 성경의 가르침은 완전히 다르다.

　기름부음은 예수 그리스도이며 그가 이미 우리 안에 거하시기에 우리가 기름부음을 받았다는 사실은 변하지 않는다. 우리가 우리 안에 계신 그리스도의 기름부음을 받았다는 것을 알고, 그것을 믿고 행동하면 우리는 승리와 영광의 삶을 살 수 있다. 이로써 하나님은 우리를 통해 영광을 받으시고, 사람들은 그 하나님을 보며 놀라게 될 것이다.

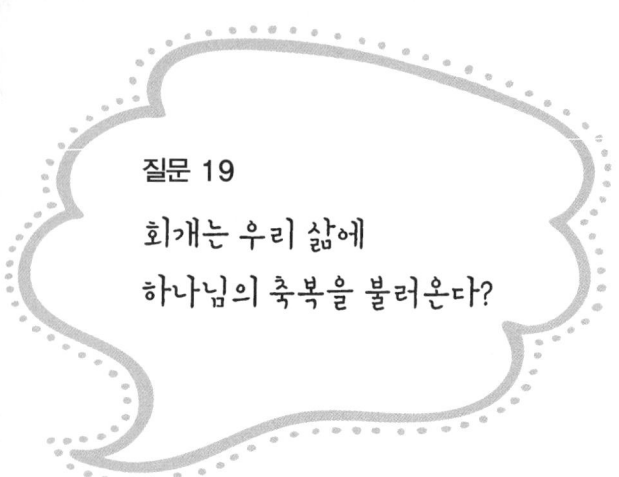

질문 19
회개는 우리 삶에
하나님의 축복을 불러온다?

현대 교회에서는 회개에 대해 잘못 생각하는 사람이 많다. '회개'라는 주제는 율법주의에 취약하기 때문이다. 현대 교회에 만연한 율법주의적 사고방식은 우리 행동에 따라 하나님이 우리에게 반응하신다고 말하지만 사실 하나님이 먼저 우리에게 사랑으로 다가오셨고, 그 결과 우리가 그에게 반응하는 것이다. 이것이 진실이다.

흔히 율법주의적인 설교에서는 회개가 우리 삶에 하나님의 축복을 가져온다고 말한다. 그러나 이것은 구약의 가르침일 뿐이다. 예수 그리스도가 십자가에서 이루신 일 때문에 신약은 구약의 상황과는 판이하게 달라졌다. 즉 신약에서는 하나님의 선하신 축복으로 회개하게 된다. 구약처럼 하나님의 선하신 축복을 받기 위해 회개하는 것이 아니라 예수님이 우리를 위해 행하신 선한 일 때문에 우리가 회개하게 되는 것이다.

때로 은혜 영성Grace walk의 메시지를 비판하는 사람들은 이런 말을 한다. "당신의 설교에서 회개는 어디로 갔습니까?" 이 질문을 하는 사람 중 상당수는 구식 부흥 강사가 소리 높여 외치는 '지옥에서 죄로 받을 벌' 등을 이야기하는 설교를 떠올린다. "여러분의 죄를 회개하십시오. 거짓말, 도둑질, 간음, 도박, 음주, 흡연 같은 죄 말입니다. 그래야만 하나님이 여러분에게 축복으로 응답하실 것입니다!" 만일 어렸을 때부터 이런 설교를 들어왔다면 회개가 우리 삶에 하나님의 축복을 불러온다는 말에 익숙할 것이다.

이러한 설교에서 지적할 수 있는 잘못된 점이 많지만 우선 회개의 진짜 의미가 무엇인지부터 생각해 보자. 회개란 무엇인가? 많은 사람이 자신이 한 행동을 후회하는 '자책remorse'과 회개를 혼동하며 이렇게 생각한다. '죄책감과 수치심으로 몸부림치지 않는다면 진짜 회개한 것이 아니다. 이렇게 회개해야만 하나님이 우리 삶에 주시는 좋은 것을 받을 수 있다.'

하지만 이러한 생각은 성경이 가르치는 회개와 사뭇 다르다. 신약은 그리스어로 기록되었는데 그리스어 원문을 보면 회개는 '메타노이아*metanoia*'라는 단어로 표현된다. 단어 앞부분의 meta는 '후後'라는 뜻이고 뒷부분의 noieo는 '관찰한 결과로 생각하는 것'이라는 뜻이다. 따라서 신약의 '회개하다'는 '어떤 문제를 잘 살펴본 후 생각을 달리하다'라는 의미가 된다. 간단히 말해서 생각을 180도로 바꾼다는 뜻이다. 즉 나의 행동을 자세히 들여다본 후에 하는 생각이다. 그래서 회개는 하나님 앞에서 어쩔 줄 모르며 죄책감과 부끄러움에 사로잡히는 것이 아니라 생각을 바꾸는 것을 말한다.

그렇다면 하나님의 선하심이 먼저인가, 회개가 먼저인가? 이는 사도 바울이 로마에 있는 교회에 쓴 서신에서 잘 드러난다. "혹 네가 하나님의 인자하심이 너를 인도하여 회개하게 하심을 알지 못하여 그의 인자하심과 용납하심과 길이 참으심이 풍성함을 멸시하느냐"(로마서 2:4).

하나님은 우리가 어떻게 행동하느냐에 따라 축복을 베푸시는 분이 아니다. 이 원칙은 어떤 주제, 예컨대 회개에도 마찬가지로 적용된다. 다시 말해 회개하였기에 하나님이 우리에게 선하심을 보이시는 것이 아니라는 뜻이다. 오히려 사도 바울은 성부 하나님의 친절함, 용납하심, 오래 참으심이 우리를 회개하게 한다고 말한다. 선하신 하나님이 우리에게 사랑을 표현하시고 우리가 믿음과 순종으로 반응하는 것, 이것이 바로 은혜의 공식이다.

하나님의 선하신 축복의 원천은 그의 놀라운 사랑과 은혜의 메시지에 있다. 우리가 우리를 향한 하나님의 무조건적인 사랑과 무한한 은혜를 이해하게 될 때 하나님과 우리 자신에 대해 갖고 있던 잘못된 생각을 바로잡을 수 있다. 그렇게 된 후에야 우리는 '회개' 하는 마음을 촉매로 하여 우리의 행동을 변화시킬 수 있다.

그런데 현대의 많은 교인은 '회개' 라는 개념을 어려워한다. 바로 행동을 변화시키는 것이 우리의 능력에 달려 있다고 생각하기 때문이다. 그래서 그들은 자신이 진정으로 회개하지 못했기 때문에 하나님의 선하신 축복을 온전히 경험하지 못한다고 생각한다. 그러나 이는 진실이 아니다. 우리에게는 우리 삶을 변화시킬 만한 능력이 없기 때문이다.

이제 우리는 우리를 향한 하나님의 사랑을 이해하는 방식을 바꿔야 한다. 이것이 바로 우리에게 필요한 회개다. 우리가 우리를 향한 하나님의 사랑을 이해할 때, 하나님에 대한 우리의 사랑과 우리의 행동을 일치시키고자 하는 열정을 발견할 수 있다.

사도 바울은 "그리스도의 사랑이 우리를 강권하시는도다"(고린도후서 5:14)라고 말한다. 여기서 주목할 점은 우리를 강권하시는 것이 하나님을 향한 우리의 사랑이 아니라는 사실이다. 우리를 강권하시는 것, 즉 우리가 거룩한 삶을 살도록 하는 원동력은 바로 우리를 향한 그의 사랑이다! 그런데 오늘날 많은 사람들이 이 사실을 간과한 채 거룩한 삶을 향한 원동력이 내가 하나님을 사랑하는 것이라고 잘못 생각한다. 하지만 분명 사도 바울은 이러한 잘못된 생각이 아닌 우리를 향한 그의 사랑이 우리가 의롭게 사는 원천이 된다고 말한다.

회개는 삶의 방식을 새롭게 하는 것이 아니다. 우리 생각을 반대 방향으로 돌이키는 것이다. 물론 행동에 변화가 생기겠지만 이는 회개에 수반되는 부차적인 효과에 지나지 않는다.

우리를 향한 아버지의 사랑과 선하심은 무조건적이기 때문에 우리의 행동과는 아무런 관계가 없다. 우리가 우리를 향한 하나님의 사랑과 선하심을 이해하고 믿을 때 회개하는 마음과 우리의 행동이 일치함을 보고 놀랄 것이다. 그러니 하나님의 선하신 축복을 경험하기 위해 회개해야 한다는 거짓말을 믿지 말기 바란다.

질문있어요

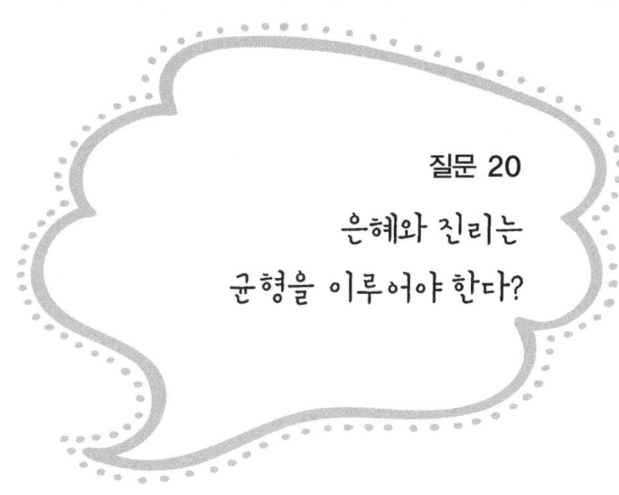

질문 20
은혜와 진리는
균형을 이루어야 한다?

　　　　　　　　　순수하게 은혜의 메시지를 강조하면 그것을 반박하는 사람들은 은혜와 진리 사이에 균형을 잡아야 한다고 주장한다. 그러나 이러한 주장은 사실이 아닌 거짓이다. 이 거짓말이 위험한 이유는 최근 삶의 균형에 대한 개념이 많이 등장하고 있고, 또 그 중 대부분이 맞는 말인 경우가 많아서다. 예를 들어 일과 여가 사이에는 균형을 잡는 편이 좋다. 저축과 쇼핑 사이의 균형도 마찬가지이다. 이 외에도 균형을 잡으면 좋은 경우가 매우 많지만 이 균형의 원칙이 모든 것에 적용되지는 않는다. 균형을 적용하려는 시도가 옳지 않을 때도 있기 때문이다. 그 좋은 예가 바로 은혜와 진리의 경우이다.

성경을 진지하게 대하는 사람이라면 성경에서 말하는 은혜에 관한 가르침을 부인하지 못한다. 반면 그렇지 않은 사람들은 성경에서 말하는 순수한 은혜의 메시지를 받아들이지 못하고 은근슬쩍 균형이라는 개념을 가져오려고 한다. 하나님의 은혜를 완전히 부인할 수는 없기 때문이다. 그래서 그들은 다음과 같은 주장으로 성경에 명백히 나와 있는 은혜의 중요성을 희석한다. "맞아요, 은혜는 멋진 일입니다. 하지만 극단으로 치우치지 않으려면 은혜와 진리 사이의 균형을 잘 유지하는 지혜가 필요하겠지요." 누구도 '극단'을 원하지 않기 때문에 일견 이 말은 합리적으로 보인다.

그러나 은혜와 진리에 이렇게 접근하는 것은 문제가 있다. 마치 은혜와 진리가 서로 반대되는 개념인 것처럼 가운데 선을 그어 한쪽에는 은혜, 다른 한쪽에는 진리를 두기 때문이다. 어떻게 보면 은혜는 진리가 아니고, 진리는 은혜가 아니라고 말하는 듯하다. 그러나 성경은 은혜와 진리를 서로 대치되는 개념으로 보지 않는다. 오히려 성경은 은혜와 진리를 함께 두어 은혜가 진리이고 진리가 곧 은혜라고 말한다. 그러므로 이 둘을 분리하는 것은 하나님의 은혜를 율법적으로 해석하는 셈이 된다.

성경이 은혜와 진리가 분리된 양, 그 둘의 균형을 맞춰야 한다

질문있어요

고 가르치던가? 그렇지 않다. 오히려 성경은 은혜와 진리를 예수 그리스도 안에서 하나로 합하며 이렇게 말한다. "율법은 모세로 말미암아 주어진 것이요 은혜와 진리는 예수 그리스도로 말미암아 온 것이라"(요한복음 1:17).

여기서 요한은 예수 그리스도 안에서 은혜와 진리가 완전하게 열매 맺었다고 말한다. 즉 예수 그리스도는 반쪽짜리 은혜, 반쪽짜리 진리가 아니라 완전한 은혜이자, 완전한 진리라는 것이다! 이렇듯 요한복음 1장 17절은 은혜와 진리가 서로 반대되는 개념이 아니라고 말한다. 오히려 이 두 가지가 그리스도 안에서 완벽한 조화와 연합을 이루어 우리는 그리스도 안에서 은혜와 진리를 모두 발견할 수 있다.

만일 선을 그을 것이라면 은혜와 진리 사이가 아닌, 은혜와 율법주의 사이에 그어야 한다. 성경은 은혜와 진리를 나누지 않고 예수님 안에 함께 두기 때문이다. 그러므로 만약 사람들이 "은혜의 말씀은 좋긴 하지만 진리와 균형을 맞추어야 한다."라고 말하면 그것이 단순한 말실수든지 혹은 율법주의자라서 그렇게 말했든지 간에 그 말이 거짓이라는 사실을 잘 분별해야 한다. 율법주의는 은혜와 진리에 선을 그어 서로 다른 쪽에 두지만, 사실 은혜와 진리는 같은 쪽에 놓여 있어서 둘 사이에 선을 그어 서로 다른 쪽에 둘 수 없다. '은혜와 진리가 충만' 하신 예수 그리스도 안에서 연합하는 은혜와 진리가 서로 유의어라는 사실을 기억하자.

왜 사람들은 은혜와 진리 사이에 균형을 잡기 위해 노력하는 것일까? 물론 인간은 균형을 잡기보다 극단에 치우치는 경향이 있는 존재이기는 하다. 그러나 은혜와 진리에 관해서만은 균형을 맞출 필요가 없다. 은혜와 진리는 완전히 상호보완적이라 완벽한 조화를 이루기 때문이다.

은혜와 진리의 관계를 잘 모르는 사람들에게 은혜와 진리 사이에 균형을 잡아야 한다는 거짓말은 일견 옳게 여겨질지도 모른다. 그러나 은혜와 진리는 서로 붙어 있기에 그 둘을 함께 죽이지 않는 이상 분리할 수 없다. 만약 은혜와 진리를 분리한다면 그 결과는 치명적일 것이다.

우리를 조용히 잠식해 오는 이 거짓말은 은혜와 진리 사이에 균형을 잡으려고 할수록 오히려 은혜를 위태롭게 한다. 하지만 은혜는 곧 예수님이므로 무엇과도 균형을 맞출 필요가 없다. 예수님과 진리 사이의 균형? 이것이 말이 된다고 생각하는가? 이런 말도 안 되는 주장은 거부하라. 그분이 바로 진리이다!

은혜의 가르침에서 균형을 유지해야 한다고 말하는 사람들은 율법주의의 입맛에 맞추고자 자기도 모르게 은혜의 수위를 낮추려고 한다. 이 율법주의는 그리스도 안에서 받은 삶 속에 우리가 기여해야 할 무엇인가가 있다고 생각하는 것이다. 하지만 앞서 이야기했듯 우리가 하나님께 보탤 수 있는 것은 아무것도 없다. 단, 우리에게는 분명한 진리가 있으니 바로 우리는 이미 예수님을 소유했고 그는 은혜이자 동시에 진리라는 사실이다.

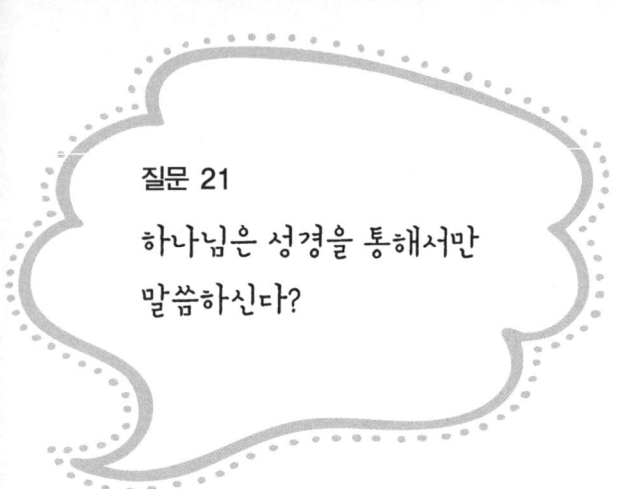

질문 21
하나님은 성경을 통해서만
말씀하신다?

하나님이 성경 외의 다른 무엇인가를 통해서 우리에게 말씀하신다고 하면 상당히 위험한 발언이라고 생각할지도 모른다. 그렇지만 하나님이 성경 외의 다른 무엇인가로 우리에게 말씀하신다고 해서 성경과 상반되는 말씀을 하신다는 뜻은 아니다. 그러므로 만약 우리가 성경을 읽을 때에만 하나님의 말씀을 들을 수 있다고 가르친다면, 그것은 분명 거짓말이다. 그리고 이 같은 거짓말은 자칫 하나님이 여러 가지 방법으로 하시는 말씀을 듣지 못하게 할 수도 있다. 다행히 하나님은 다양한 곳에서 다양한 방법으로 말씀하시기에 우리가 그의 음성을 들을 기회는 무한하다.

질문있어요

예를 들어 하나님은 자연을 통해서도 말씀하실 수 있다. 별이 빛나는 밤하늘을 바라보았을 때 하나님이 자신의 위대함을 선포하는 것을 들어본 적이 없는가? 하나님은 음악을 통해서 말씀하시기도 한다. 음악을 들을 때 어떤 음악이 나에게 말하듯 내 마음을 울린 적은 없는가?

또 하나님은 다른 사람을 통해서도 말씀하신다. 필요한 때에 친구가 말을 걸어 도움이 되는 말을 해 준 적이 없는가? 그들은 아마 조언이나 격려를 해 주었겠지만 그 안에는 주님의 음성이 있다. 이렇듯 하나님은 문화, 예술, 환경 등 온갖 방식을 통해 우리에게 말씀하신다.

어떤 사람들은 내가 성경의 가치를 과소평가한다고 생각할지도 모르지만 그렇지 않다. 나는 단지 하나님이 우리에게 말씀하시는 방법이 무궁무진하다는 것을 말하고 싶을 뿐이다. 만일 우리의 생각만으로 하나님이 성경을 통해서만 말씀하신다고 정해 버린다면 우리가 하나님의 음성을 들을 수 있는 수많은 기회를 없애 버리는 것이 된다.

시편 기자는 하나님이 인간에게 다른 방법으로 말씀하신다는 사실을 성경이 확증하고 있다고 말한다.

하늘이 하나님의 영광을 선포하고 궁창이 그의 손으로 하신 일을 나타내는도다 날은 날에게 말하고 밤은 밤에게 지식을 전하니 언어도 없고 말씀도 없으며 들리는 소리도 없으나 그의 소리가 온 땅에 통하고 그의 말씀이 세상 끝까지 이르도다 하나님이 해를 위하여 하늘에 장막을 베푸셨도다 _시편 19:1-4

시편은 하늘이 하나님의 영광을 선포한다고 말한다. 그리고 들리는 소리는 없지만 '그의 소리'는 '세상 끝까지' 이른다고 말한다. 창조자의 소리는 하늘을 통해 들려오니 주님은 곧 자연을 통해 그의 영광을 우리에게 선포하시고 말씀하시는 분이다. 로마서 1장 18-21절에서 바울은 하나님이 창조해 놓은 것들을 통해 온 세상이 하나님을 볼 수 있다고 말하는데 그 증거는 부인할 수 없을 정도로 강력하다.

이러한 증거는 이 외에도 더 있다. 히브리서 1장 1-2절은 "옛적에 선지자들을 통하여 여러 부분과 여러 모양으로 우리 조상들에게 말씀하신 하나님이 이 모든 날 마지막에는 아들을 통하여 우리에게 말씀하셨으니 이 아들을 만유의 상속자로 세우시고 또 그로 말미암아 모든 세계를 지으셨느니라"라고 말한다.

또한 성부 하나님은 지금껏 하신 말씀 가운데 최상의 표현을 하셨다. 바로, 아들이신 예수 그리스도로 말이다. 하나님은 말씀하는 것을 멈추지 않으셨고, 지금도 말씀하신다. 그리스도가 하나님의 말씀이고 그는 우리 안에 살아서 여전히 역사하시기 때문이다. 요한복음 첫 부분에 요한이 예수님을 어떻게 표현했는지 기억해 보라.

> 태초에 말씀이 계시니라 이 말씀이 하나님과 함께 계셨으니 이 말씀은 곧 하나님이시니라 그가 태초에 하나님과 함께 계셨고 만물이 그로 말미암아 지은 바 되었으니 지은 것이 하나도 그가 없이는 된 것이 없느니라…… 말씀이 육신이 되어 우리 가운데 거하시매 우리가 그의 영광을 보니 아버지의 독생자의 영광이요 은혜와 진리가 충만하더라 _요한복음 1:1-3, 14

예수 그리스도는 누구이신가? 그는 인성과 육체를 입고 오신 하나님의 말씀이다. 이로써 하나님의 말씀이 눈에 보이고 귀에 들리게 된 것이다. 바로 이 예수님이 높임과 영광을 받으시며 우리 안에 거하신다!

아직도 하나님이 성경을 통해서만 말씀하신다는 거짓말을 믿는가? 만약 그것이 사실이라면 우리의 대적은 우리가 거룩한 하나님의 음성을 듣지 못하도록 성경을 읽지 못하게만 하면 될 것이다. 그러니 이런 거짓말에 속지 말라. 물론 하나님은 성경을 통해서 말씀하신다. 그러나 하나님의 음성을 성경에만 국한하면 삶 속에 하나님께서 사랑으로 말씀하시는 음성을 들을 수 있는 많은 기회를 놓치게 될 것이다.

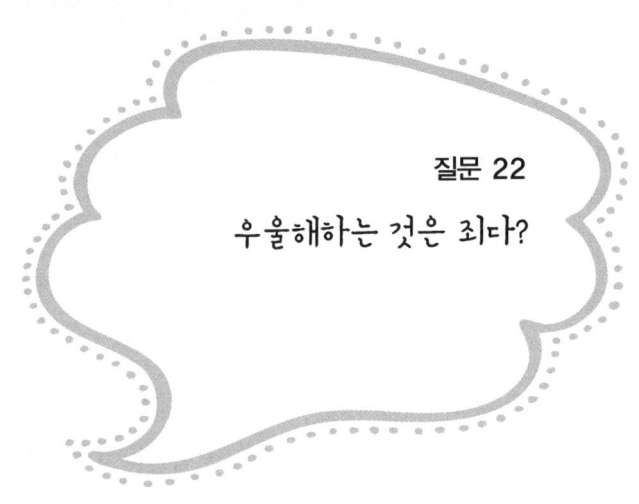

질문 22
우울해하는 것은 죄다?

　　그리스도인에게 "우울해하는 것은 죄다."라고 말하는 것은 이미 상처받고 우울해하는 사람에게 더 큰 상처를 주는 거짓말이다.
　얼마 전 나는 인터넷에 우울해하는 것은 죄가 아니라는 글을 올렸다가 반대 의견이 무서운 속도로 달리는 것을 보았다. 물론 많은 사람이 그리스도인은 어떤 일이 있어도 절대 낙담하지 않아야 한다고 생각할지도 모른다. 그러나 나는 그 의견에 반대한다. 성경도 그렇게 말하지 않는다.
　본격적으로 이 거짓말에 대해 이야기하기 전에 일단 우울의 뜻을 분명히 정의하도록 하자. 그래야만 우리가 서로 같은 단어에 대해 이야기하고 있다는 것을 확실히 할 수 있으니 말이다. 예를 들어 누군가 우울하다고 할 때 그 의미는 무엇인가? 의미는 무척 다양할 것이다. 단순히 기분이 좀 안 좋은 상태를 나타낼 때도 있고, 어떤 상황에 실망하거나 누군가에게 상처받은 상태를 나타낼 때도 있다. 어떤 사람들은 스트레스를 과도하게 받고 난 뒤 정신적으로 완전히 지친 상태를 우울하다고 한다. 울적한 기분을 우울하다고 말하는 사람도 있다. 사실 이러한 상태들은 살면서 자연히 나타나는 정상적인 모습이다. 이럴 때는 놀거나 휴식을 취하거나 잠시 잠을 자고 일어나면 기분이 나아진다.

또한 삶에서 심각한 상황에 부닥친 사람들이 우울하다고 말할 때도 있다. 사랑하는 사람, 배우자, 자녀, 부모님이 세상을 떠났을 때 한동안 고통을 느끼는 것은 당연한 일이다. 슬픔은 사랑하는 이의 죽음 앞에서 느끼는 정상적인 반응이기 때문이다. 때로 그러한 일들은 슬픔뿐만 아니라 우울을 수반하기도 한다. 그리고 대부분의 사람들은 그러한 반응을 이해한다. 우리는 마음속 가장 깊은 곳에 평화를 유지하면서도 주변 환경 때문에 감정적으로는 흔들릴 때도 있기 때문이다.

이와 달리 때로 어떤 사람들은 분노와 자기 연민에 빠질 때 우리가 '우울'이라고 부르는 더 깊고 어두운 감정을 드러낸다. 이러한 우울은 실제로 굉장히 어두운 감정이라서 겉으로 보이는 것보다 더 심각한 심리 상태로 진행될 수도 있다.

마지막으로 생리적인 요인 때문에 우울할 수 있다. 즉 호르몬 불균형이나 뇌의 화학 물질 불균형, 또는 알 수 없는 신체적 요인으로 우울증이 발병한다. 이러한 순수 병리적 우울증은 질병이므로 전문의나 치료사의 도움을 받아야 한다. 질병 형태의 우울증은 생명을 위협할 수 있을 정도로 위험하기 때문이다. 오랫동안 행복하고 책임감 있게 살아온 사람들조차 이 끔찍한 질병에 걸리면 기존의 생활을 유지하지 못한 채 힘없이 무너지는 경우가 많다. 이런 우울증은 보통 뇌가 제대로 기능하지 못해서 발생한다(뇌는 신체 기관이라는 것을 기억하기 바란다). 즉 뇌가 제대로 기능하는 데 필요한 화학 물질이 부족한 것이다.

그런데 우울함이 죄라고 주장하는 '영적으로 신실한' 그리스도인들은 여러 가지 이유로 우울에 빠져 힘들어하는 이들에게 우울함은 죄라고 말하며 더 심한 고통을 준다. 그러면 우울증을 앓고 있는 신자들은 이미 겪고 있는 고통에 죄책감까지 더해져 자신이 극복하지 못한 '죄' 때문에 하나님이 화가 났으리라 여긴다.

하지만 감정의 문제에 영적인 잣대를 들이대는 접근 방식은 잘못된 것이다. 정서적으로 침체되어 있어도 영적으로는 강할 수 있기 때문이다. 나도 한때 감정적으로 우울한 것이 죄라고 생각한 적이 있었다. 그러나 성경에 나오는 믿음의 선진들이 일군 삶을 보면서 내가 착각하고 있었다는 것을 깨달았다. 하나님을 믿고 따르던 많은 위대한 성인들도 우울함을 겪었다는 사실을 발견했기 때문이다. 그뿐만 아니라 성경은 결코 우울함을 죄라고 말하지 않았다. 우울함은 단지 혼, 정신, 의지, 감정이 지쳐 있는 상태에 불과하다. 이것이 진실이다.

인생을 살다 보면 두려움을 느끼게 된다. 이러한 감정은 인간이라면 누구나 경험하는 정상적인 감정이다. 때로 사람들은 나에게 묻는다. "이러이러한 일로 우울한데 옳은 일인가요? 잘못된 일인가요?" 그러면 나는 이렇게 대답한다. "옳고 그름의 측면에서 그 문제에 접근하지 않았으면 좋겠습니다. 그냥 이렇게 생각하세요. 인간이라면 누구나 겪는 자연스러운 현상이라고 말이지요."

욥은 엄청난 시련 속에서 자신의 감정을 숨기지 않았다. 오히려 솔직하게 감정을 드러냈다.

오늘도 내게 반항하는 마음과 근심이 있나니 내가 받는 재앙이 탄식보다 무거움이라 내가 어찌하면 하나님을 발견하고 그의 처소에 나아가랴 어찌하면 그 앞에서 내가 호소하며 변론할 말을 내 입에 채우고 내게 대답하시는 말씀을 내가 알며 내게 이르시는 것을 내가 깨달으랴 그가 큰 권능을 가지시고 나와 더불어 다투시겠느냐 아니로다 도리어 내 말을 들으시리라 거기서는 정직한 자가 그와 변론할 수 있은즉 내가 심판자에게서 영원히 벗어나리라 그런데 내가 앞으로 가도 그가 아니 계시고 뒤로 가도 보이지 아니하며 그가 왼쪽에서 일하시나 내가 만날 수 없고 그가 오른쪽으로 돌이키시나 뵈올 수 없구나 _ 욥기 23:2-9

욥은 반복해서 자신의 부정적 감정을 표현한다. 그는 심지어 삶이 무의미하다고 생각한 나머지 "내가 차라리 태어나지 않았으면 좋았을 것을"이라고 탄식한다. 위에 언급한 욥기 23장의 여덟 개 구절에서 그는 그가 느끼는 감정적 우울함을 매우 분명하고 강하게 표현하고 있다.

그러나 그다음 절에서 욥이 하는 말을 잘 들어 보라. "그러나 내가 가는 길을 그가 아시나니 그가 나를 단련하신 후에는 내가 순금 같이 되어 나오리라"(욥기 23:10). 이것은 욥의 믿음에서 나온 선포이다.

성경은 분노나 두려움, 불안감, 우울함 등 부정적 감정을 느끼는 것을 비난하지 않는다. 하나님도 우리를 둘러싼 삶의 환경이 때로 우리에게 너무 무겁다는 것을 알고 계시기 때문이다.

어떤 사람들은 신약에서 상황이 바뀌었다고 말할지도 모른다. 그러나 그것은 사실이 아니다. 그 증거는 사도 바울이 고린도 교회 성도들에게 자신이 정신적으로 매우 지쳐 있던 때를 설명한 성경 구절에서 찾을 수 있다.

> 형제들아 우리가 아시아에서 당한 환난을 너희가 모르기를 원하지 아니하노니 힘에 겹도록 심한 고난을 당하여 살 소망까지 끊어지고 우리는 우리 자신이 사형 선고를 받은 줄 알았으니 이는 우리로 자기를 의지하지 말고 오직 죽은 자를 다시 살리시는 하나님만 의지하게 하심이라 그가 이같이 큰 사망에서 우리를 건지셨고 또 건지실 것이며 이 후에도 건지시기를 그에게 바라노라 _고린도후서 1:8-10

정신적으로 우울한 사람들을 판단하는 눈으로 보지 말라. 여러분이 그들처럼 우울하지 않은 것은 오로지 하나님의 은혜 때문이니 말이다!

만일 여러분이 우울함을 겪고 있다고 해도 자신을 비난하지는 말라. 감정적으로 우울한 상태를 죄라고 부르는 것은 거짓말이기 때문이다. 우울함은 인간이 살면서 겪는 감정의 하나일 뿐이다. 물론 삶에서 겪는 감정을 현명하게 처리해야겠지만 그렇게 되지 않는 때도 있게 마련이다. 때로 우리가 느끼는 정서적 우울함은 자신에게 벌어진 상황에 대한 정상적이고 자연스러운 반응이라는 것을 꼭 기억하자. 만일 그렇지 않다고 생각한다면 우리는 우울함을 느꼈을 때 죄책감과 부끄러움에 사로잡힐 것이다. 또한 우울함으로 고통 받는 사람들을 무의식적으로 비난하게 될지도 모른다.

지금 우울한 상태인가? 그 순간조차 그리스도는 우리의 평화와 기쁨이 되시며 우리가 내딛는 모든 발걸음을 인도하신다. 그리고 우리를 그의 품 안에 꼭 안아 주신다는 것을 기억하자.

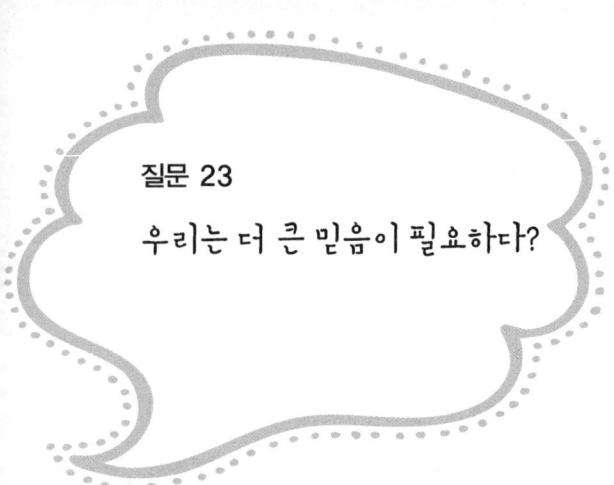

질문 23

우리는 더 큰 믿음이 필요하다?

"나는 더 큰 믿음이 필요해." "당신은 더 많은 믿음이 필요합니다." "만약 믿음이 더 있다면 병이 나을 것입니다." "나에게 믿음이 더 있었다면 이런 것이 생기고 저런 것을 보게 되었을 텐데……." 우리가 교회와 성도들에게 자주 듣는 이런 말들은 현대 교회에서 믿음이 충분하지 않다는 의미로 사용되고는 한다. 이제는 하도 많이 들어서 놀랍지도 않을 정도다. 예수님과 가장 가까이 지내던 제자들조차 그렇게 말했다. "사도들이 주께 여짜오되 우리에게 믿음을 더하소서 하니" (누가복음 17:5).

이렇게 말하는 이들은 믿음이 점차 증가하는 것이라고 생각한다. 물론 그렇게 본다면 우리에게 믿음이 다 채워지지 않았다는 생각이 드는 것은 당연하다. 그러나 이 말은 사실이 아니다. 믿음은 점진적으로 주어지는 것이 아니다. 성경에서 '그리스도가 우리의 믿음'이라고 가르치는 것처럼 예수 그리스도의 형상으로 온전히 주어진다.

모두가 믿음에 대해 말하지만 실제로 믿음이 있다는 말이 어떤 의미를 가지고 있는지는 잘 모르는 것 같다. 보통 많은 이들이 영적으로 감동받을 때 느끼는 따뜻하고 짜릿한 느낌을 믿음과 연관 지어 생각한다. 또 어떤 사람은 자신감의 정도가(또는 두려움이 없는 상태) 믿음이라고 생각한다. 그러나 믿음은 느낌이 아니다. 물론 믿음이 있는 사람이 자신감 있게 행동하거나 영적으로 감동 받을 수는 있다. 그러나 그렇다고 해서 단순한 느낌을 믿음의 근거라고 생각할 수는 없다.

성경에서 말하는 믿음은 항상 객관적인 것들이다. 이 믿음은 실제이며 구체적인 원천이 있는 것으로 단순히 주관적인 느낌에 그치지 않는다.

우리는 신앙의 대상에 따라 믿음이 좌우된다고 배워 왔다. 맞는 말이다. 예를 들어 돌로 만든 우상에 대한 믿음이나 종교 지도자들에 대한 믿음은 자신에게 어떤 도움이 되는가? 그러한 믿음은 어떠한 도움도 되지 않는다. 만일 우리 신앙의 대상이 이처럼 가치 없고 신뢰할 수 없는 대상에 있다면 믿음이 얼마나 있느냐의 여부는 중요하지 않다.

믿음을 먹는 것에 한번 비유해 보자. 어떤 사람이 이렇게 말했다. "사람은 음식을 먹어야 살 수 있지요." 일견 맞는 말로 보인다. 하지만 그것이 '어떤' 음식인지가 더 중요하다. 우리 몸에 좋은 음식은 사람을 살게 한다. 반대로 독이 든 음식은 우리를 죽게 한다. 그런 음식은 치명적이다.

믿음도 마찬가지이다. 가치 없는 대상을 향한 어마어마한 믿음이 있어보았자 아무런 도움이 되지 않는다. 중요한 것은 믿음이 얼마나 크냐가 아니라 우리의 믿음이 누구에게 있느냐이다.

믿음의 대상뿐만이 아니다. 믿음의 근원도 대상만큼 중요하다. 믿음은 긍정적인 말이나 사고로 길러지는 것이 아니다. 예수 그리스도는 우리에게 믿음을 주셨을 뿐만 아니라 우리 믿음의 근원이며 믿음 그 자체다. 그러므로 우리가 예수님의 생명으로 살 때 자연히 그의 거룩한 믿음을 지닐 수 있게 된다.

알다시피 은혜는 구원의 전제 조건이고 믿음은 구원을 체험하는 통로다. 그런데 사도 바울은 에베소서에서 믿음은 스스로 만들거나 가질 수 없다고 했다. "너희는 그 은혜에 의하여 믿음으로 말미암아 구원을 받았으니 이것은 너희에게서 난 것이 아니요 하나님의 선물이라 행위에서 난 것이 아니니 이는 누구든지 자랑하지 못하게 함이라"(에베소서 2:8-9). 즉 믿음은 하나님의 선물이라는 것이다. 결국 우리는 하나님의 선물로 믿음을 소유한 것에 불과하다. 사실 우리 안에 있는 아버지가 주시는 사랑의 역사 외에 무엇이 믿음의 원천이 되겠는가? 우리가 예수 그리스도를 따르는 것조차 아버지 하나님이 보여 주신 사랑이 이룬 역사에서 나온 믿음이 표현된 결과가 아닌가?

이러한 믿음은 우리가 생각을 올바로 한다고 얻어지는 것이 아니다. 오직 예수 그리스도에게서 받을 뿐이며 그럴 때 우리는 우리 노력으로 얻는 믿음이 아닌, 하나님이 주시는 믿음으로 살게 된다. 내가 여기서 말하고자 하는 요점은 바울이 믿음에 관해 또 다시 언급한 갈라디아서 2장 20절에 잘 나타나 있는데 이 부분은 보통 이렇게 번역된다. "내가 그리스도와 함께 십자가에 못 박혔나니 그런즉 이제는 내가 사는 것이 아니요 오직 내 안에 그리스도께서 사시는 것이라 이제 내가 육체 가운데 사는 것은 나를 사랑하사 나를 위하여 자기 자신을 버리신 하나님의 아들을 믿는 믿음 안에서 사는 것이라."

위의 구절처럼 대부분의 성경은 "하나님의 아들을 믿는 믿음으로 산다."고 번역되어 있다. 그러나 신약의 원어(그리스어)가 강조하는 바는 조금 다르다. 예수 그리스도를 믿는 믿음으로 산다는 말이 잘못된 것은 아니지만 같은 구절을 문자 그대로 번역한 내용을 보면 이러하다. "나는 그리스도와 함께 못 박혔다. 더 이상 내가 사는 것이 아니고 그리스도가 내 안에 사신다. 내가 이제 육체 가운데 사는 것은 나를 사랑하시고 나를 위해 자신을 드리신 하나님의 아들로부터 나는 믿음 안에서 사는 것이다."(YOUNG'S)

어떤 차이가 있는지 잘 살펴보라. 보통 일반적으로 번역된 하나님의 아들을 믿는 믿음으로 산다는 말도 맞다. 그렇지만 좀 더 분명한 그림을 보면 신약의 원어가 강조하는 바가 더 좋은 뜻임을 알 수 있다. 이를 따르면 우리는 '하나님의 아들로부터 난 믿음으로 사는' 것이다!

사도 바울은 갈라디아서 3장 23절에서 예수님의 오심으로 우리가 어떻게 율법에서 자유로워질 수 있었는지를 말하면서 이렇게 언급한다. "믿음이 오기 전에 우리는 율법 아래에 매인 바 되고 계시될 믿음의 때까지 갇혔느니라." 이 구절을 갈라디아서의 전체 맥락에서 이해해 보면 바울이 단지 믿음에 대해서만 말하는 것이 아니라는 사실을 알 수 있다. 그는 우리의 믿음 되시는 그리스도에 대해 말하고 있다.

우리에게 믿음이 더 필요하다는 말은 거짓말이다. 그런 잘못된 생각 때문에 자신에게 충분한 믿음이 있는지 없는지를 끊임없이 평가하게 되기 때문이다. 그런 율법적 테스트를 받게 되면 누구라도 자신의 믿음이 부족하다는 결론에 이르게 된다. 율법주의적인 접근법이 만들어 내는 결과란 항상 그런 법이니 말이다.

하지만 우리 안에 예수 그리스도가 내주하시니 우리에게는 충분한 믿음이 있다. 그것이 진실이다. 자신의 믿음이 아닌 하나님께 초점을 맞추고 우리를 지탱하시는 하나님이 주신 믿음에 의지하라. 그는 우리의 약한 믿음을 온전하게 해 주시니 우리에게는 더 큰 믿음이 필요하지 않다. 우리는 오직 예수 그리스도 안에 있을 때 모든 것을 가진다는 것을 확실히 알기만 하면 된다. 그러니 믿음이 약하다고 느껴질 때는 그를 의지하라. 그를 의지하는 믿음은 결코 우리를 낙심하게 하지 않는다!

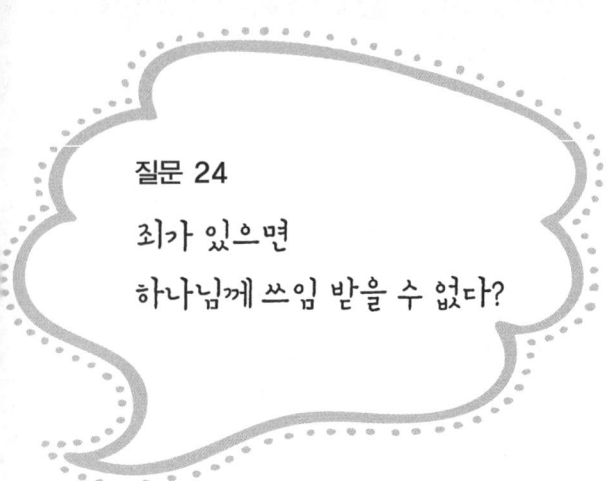

질문 24
죄가 있으면
하나님께 쓰임 받을 수 없다?

이제까지 그리스도로 말미암은 우리의 진정한 정체성에 대한 많은 진실을 살펴보면서 우리가 죄 사함, 자녀됨, 칭의, 화해, 거룩함을 받았다는 것을 알게 되었다. 하지만 여전히 우리는 죄의 유혹에 약한 존재라서 그리스도 안에서 새로운 피조물로 거듭났음에도 여전히 죄를 지을 수 있다. 그러므로 그리스도를 삶의 근원으로 삼고 내주하시는 그를 의지하는 방법을 배워야 한다. 만약 절대 죄를 짓지 않는다고 말하는 사람이 있다면 그 사람은 자신을 속이고 있거나 뻔뻔하게 거짓말을 하는 것이다. 그 누구도 죄를 짓지 않고 살 수 없으니 말이다. 다행히 우리의 어떤 죄도 그리스도의 역사를 무효로 만들 수는 없다. 이 얼마나 좋은 소식인가! 우리가 끔찍한 죄를 짓더라도 하나님의 죄 사함, 자녀됨, 칭의, 화해의 은혜는 변함이 없다. 우리가 신실하지 않을 때조차 하나님은 신실하시기 때문이다.

우리는 이렇듯 성경이 가르치는 진실을 굳게 붙들어야 한다. 그렇지 않으면 삶의 어느 한 부분에서 좌절하고 낙심했을 때 완전한 절망에 빠지기 때문이다. 때때로 남을 판단하는 교인들과 잘못된 가르침 때문에 좌절하고 낙심한 사람들이 소망과 회복의 기회를 얻기보다는 더 깊은 절망에 빠지는 경우도 있다.

어떤 이들은 사람들이 누군가를 판단했을 때 그가 정말 심각한 죄를 지었다면 하나님께 쓰임받을 수 없다고 주장한다. 그러나 이것은 아주 질 나쁜 거짓말로 죄를 지은 사람들의 마음을 더욱 병들게 한다. 이 거짓말을 믿은 이들은 일단 죄를 지으면 잘못된 길로 들어선 것이 되므로 더 이상 하나님이 자신을 받아 주시지도, 그의 영광을 위해 쓰시지도 않을 것이라며 비관한다. 사실 나도 율법주의 목사 시절 이렇게 가르치고는 했다. 당신이 너무 심각하고 부정한 죄를 지으면 하나님은 당신을 가치 없다고 여기시고 더 이상 사용하지 않으실 것이라고 말이다.

그러나 죄가 있으면 하나님께 쓰임받을 수 없다는 가르침은 진실이 아니며 하나님의 은혜와도 완전히 대치된다. 본래 '죄가 있는 곳에 은혜가 더 넘치는' 법이다. 우리 하나님의 무한한 사랑과 은혜는 최악의 죄보다 더 크니 말이다. 하나님은 우리가 지은 죄와 관계 없이 우리를 둘러싼 삶의 환경을 이겨내실 수 있다. 그는 우리 삶을 회복시킬 수 있고, 최악으로 치닫는 상황마저 이겨내시어 생각지도 못한 방법으로 우리 삶을 사용하실 수 있다. 즉 은혜롭게도 그는 우리의 약함을 구원하시고 죄의 행동까지 회복시키셔서 우리를 그의 영광을 위해 사용하실 수 있다는 것이다.

나는 예전 율법주의 목사 시절 어떤 죄에 대해서 이렇게 말한 적이 있다. "한번 깨진 달걀을 주워 담을 수는 없지 않습니까." 만일 내가 이 말을 과거가 변할 수 없다는 의미로 했다면 맞는 말일 것이다. 그러나 우리가 섬기는 하나님은 깨진 달걀을 다시 주워 담는 분이 아니라 완전히 새로운 것으로 창조하시는 분이다. 그는 모든 것을 새롭게 하시는 현재의 하나님이기 때문이다.

이처럼 우리 삶을 향한 그의 손길은 거룩하다. 그는 언제나 우리의 죄보다 훨씬 더 좋은 일을 행하시는 분이다.

사람들은 성경의 인물들은 우리와 다른 부류인 양 고귀하게 본다. "당연히 그들은 의롭고 거룩하지요. 성경에 나오니까요!" 정말로 그렇게 생각한다면 성경을 좀 더 유의해서 봐야 한다. 신약의 히브리서 11장은 '위대한 믿음 장'으로 알려져 있다. 구약에 살았던 믿음의 선진들이 나열되며 그들에 관한 간략한 설명도 나와 있다. 그러나 히브리서 이 한 장에 모든 이야기가 담겨 있지는 않다. 구약에 자세히 기록된 그들의 이야기들을 들여다본다면 그들의 행동도 때로는 완전하지 않았다는 것을 알 수 있다.

히브리서 11장에 언급되는 사람들 중 몇몇을 떠올려 보자. 노아는 방주를 지은 믿음의 사람이었다. 그러나 방주에서 내리고 난 지 얼마 안 되어 술에 취해 쓰러진 모습을 보였다. 또 이스라엘의 위대한 족장인 아브라함은 목숨을 잃을까 두려워 자기 아내를 여동생이라고 말했다. 이 때문에 그의 아내는 한 번도 아니고 두 번이나 그의 거짓 계획에 연루되어야 했다. 구약의 위대한 율법 전달자인 모세는 사람을 죽였다. 위대한 영웅이자 사사였던 삼손과 '하나님의 마음에 합한 자'였던 다윗 왕도 믿음의 사람들이다. 그러나 그들은 모두 오늘날까지 기억되는 패륜과 간음을 저질렀다. 게다가 다윗 왕은 간음뿐만 아니라 그 죄를 감추려고 밧세바의 남편을 죽음으로 모는 비열한 음모를 꾸미기도 했다. 반면에 히브리서 11장 31절에서는 기생 라합이 언급된다. 그녀는 많은 사람이 죄인이라고 손가락질하는 기생이었지만 하나님은 이스라엘 민족을 구원하기 위해 그녀를 쓰셨고 그녀는 다윗 왕의 조상이자 하늘과 땅의 주이신 예수님의 조상이 되었다.

믿음의 선진이라는 사람들에게도 결함이 있었다. 그러나 오늘날에도 그렇듯이 그들이 어리석은 선택으로 저지른 죄보다 하나님의 은혜가 더 크다. 그래서 히브리서 11장은 그러한 믿음의 선진들의 삶을 이렇게 요약한다. "이 사람들은 다 믿음으로 말미암아 증거를 받았으나"(히브리서 11:39).

성경은 신약에 묘사된 사람들의 삶도 크게 다르지 않다고 가르친다. 이제까지 예수님을 가장 잘 따르던 사람이라고 하면 누가 떠오르는가? 대부분이 사도 바울을 꼽을 것이다. 그런데 그가 자신에 대해 어떻게 말했는지 아는가? "내가 이전에 유대교에 있을 때에 행한 일을 너희가 들었거니와 하나님의 교회를 심히 박해하여 멸하고"(갈라디아서 1:13). "내가 이 도를 박해하여 사람을 죽이기까지 하고 남녀를 결박하여 옥에 넘겼노니"(사도행전 22:4).

사도 바울은 성도들을 심하게 박해하고 죽이기까지 했던 자였다. 그러나 주님은 그를 통해 지중해 지역에 교회를 세우고 신약의 3분의 2를 기록하게 하셨다.

어떤 사람은 이렇게 말할지도 모른다. "그렇지만 바울과 달리 나는 그리스도인이 되고 나서도 죄를 지었는데요." 물론 그렇게 말할 수도 있다. 하지만 시몬 베드로는 어땠는가? 베드로는 예수님과 3년이라는 긴 시간의 대부분을 함께 보내며 예수님을 섬기던 자였다. 그러던 그가 자신의 안위를 위해 예수님을 버렸다. 베드로는 예수님이 붙잡힌 후 예수님을 세 번이나 부인했고 자신이 예수님을 부인했다는 수치심과 죄책감에 사로잡혀 도망쳐 버렸다. 예수님이 십자가에 못 박히실 때에도 베드로는 거기에 없었다. 그는 아마 주님이 다시는 자신을 사용하지 않으시리라 생각했을 것이다. 그러나 예수님이 죽은 자 가운데서 살아나실 때 무덤에 있던 천사는 이렇게 말한다. "가서 그의 제자들과 베드로에게 이르기를"(마가복음 16:7). 천사는 구체적으로 베드로의 이름을 언급했다. 천사가 베드로의 이름을 특별히 언급한 것은 주님이 아직도 그를 사랑하시며 그가 저지른 죄를 용서하셨다는 것을 베드로가 알기 원했기 때문이 아닐까? 이렇듯 하나님의 은혜는 베드로의 엄청난 실수를 끌어안아 주실 만큼 크다.

   베드로를 향한 주님의 은혜가 얼마나 크던지, 그 후 주님은 그에게 직접 나타나시기까지 하셨다.

> 곧 그 때로 일어나 예루살렘에 돌아가 보니 열한 제자 및 그들과 함께 한 자들이 모여 있어 말하기를 주께서 과연 살아나시고 시몬에게 보이셨다 하는지라 _누가복음 24:33-34

하나님의 은혜를 얼마나 잘 표현한 구절인가! 하나님은 베드로를 버리시거나 '가치 없게 보시지' 않았다. 오히려 괴로움에 빠진 베드로를 회복시켜서 다시 하나님의 일을 할 수 있도록 하셨다. 심지어 그를 사도들의 리더로 만드셨다.

과거를 돌아보고 우리가 한 최악의 일을 떠올려 보라. 그리고 마음속에 죄책감으로 남아 있던 그 일을 십자가 아래에 내려놓아라. 이제 그 일을 거기에 두고 떠나자.

너무 끔찍한 일을 저질러서 하나님이 우리 삶을 사용할 수 없을 것이라고 생각하지도 말라. 하나님이 우리 삶을 통해 일하시는 것은 우리가 했던 일, 할 수 있는 일 때문이 아니다. 그러니 "죄가 있으면 하나님께 쓰임 받을 수 없다."라는 거짓말의 노예가 되지 말라. 때로 우리는 절망과 사라진 소망에 굴복하여 무기력해질 때도 있지만 그것은 하나님의 일이 아니다. 하나님이 원하시는 것은 우리가 그의 회복의 역사를 받아들이고 그를 섬기는 자리로 나아가는 것이다. 하나님은 우리가 그리스도와 그의 약속 안에서 소망을 품기 원하신다.

질문있어요

질문 25
옛 본성은 굶기고 새 본성을 살찌워야 한다?

"옛 본성은 굶기고 새 본성을 살찌워야 한다."라는 이 거짓말은 포고Pogo(1948년부터 신문에 게재된 미국의 유명 연재만화 – 역자)의 유명한 대사 하나를 떠오르게 한다. "적을 만나 보니 적은 바로 우리 자신이었다."

새 본성을 살찌우라는 말은 무척 기발하기는 하지만 신학적 관점에서 보면 완전히 잘못된 말이다. 그런데 안타깝게도 많은 그리스도인이 이런 생각을 품은 채 살아가고 있다. 다시 말해 그들은 우리 내면에 원래 있었던 본성이 그리스도에게 받은 새로운 본성에 대적하는 악한 것이라고 믿는다.

이 거짓말의 문제는 바로 그리스도인에게 여전히 본성이 두 개 있다고 암시한다는 점이다. 하지만 이것은 결코 진실이 아니다. 성경에서도 말하고 있듯이 우리의 옛 본성은 그리스도와 함께 십자가에 못 박혔기 때문이다. 다시 말해 옛 본성은 더 이상 존재하지 않는다. 물론 이 말이 우리가 더 이상 죄를 짓지 않는다거나 완벽한 삶을 산다는 뜻은 아니다. 다만 이제 우리는 악한 본성 때문에 죄를 짓는 존재가 아니라는 의미이다.

우리는 모두 유혹에 굴복하려는 마음과 이를 거부하려는 마음 사이에서 갈등한다. 그러나 이 갈등은 우리 내면에 옛 본성이 남아 있기 때문에 발생하는 것이 아니다. 예수님이 사탄에 대해 하신 말씀이 있다. "만일 집이 스스로 분쟁하면 그 집이 설 수 없고"(마가복음 3:25). 예수님이 하신 이 말씀은 우리 내면의 집에도 적용된다. 그러므로 만일 우리 안에 옛 본성과 새 본성이 공존한다면 우리는 실패할 수밖에 없다. 하지만 사랑의 하나님은 결코 우리를 두 본성이 존재하여 무너지는 절망적인 상태에 두지 않으신다.

로마서 6장 6절을 보자. "우리가 알거니와 우리의 옛 사람이 예수와 함께 십자가에 못 박힌 것은 죄의 몸이 죽어 다시는 우리가 죄에게 종 노릇 하지 아니하려 함이니."

여기서 '옛 사람'은 아담이 그의 후손에게 물려준 본성을 의미

질문있어요

하는데 보통 '아담 안의 본성'이라고 말한다. 그리고 로마서 6장 6절은 "아담 안에 있는 옛 사람은 십자가에 못 박혔다."고 분명하게 말한다. 십자가에 못 박힘은 단순히 세력이 약화되는 것이 아닌, 죽음을 의미한다. 즉 성경은 한때 죄로 물든 생활을 하게 한 죄의 몸이 무너졌다고 말하는 것이다.

이 말씀 안에 있는 '몸^{body}'이라는 단어를 재판장에서 사용하는 용어인 '증거물$^{body\ of\ evidence}$'과 연관시켜 생각해 보자. '몸'은 여기서 무언가의 원천을 뜻하므로 이 경우에는 삶에서 죄를 짓는 능력을 주는 원천이 무너졌다는 의미가 된다. 바로 그 원천은 그리스도와 함께 십자가에 못 박혀 장사된 옛 본성이다. 옛 본성은 산산이 무너졌기에 다시는 살아 돌아오지 못한다. 그렇기에 성경은 아담에서 난 본성이 십자가에 못 박혔다고 가르치고 있다.

나는 오랫동안 내 안에 서로 충돌하는 본성 두 개가 있다고 믿어왔다. 그래서 이 문제를 해결하려면 새로운 본성은 '살찌우고^{feed}' 옛 본성은 '굶겨야^{starve}' 한다고 생각했다. 즉 옛 본성이라고 생각하는 일을 거부하고 '새 사람'이 좋아하는 성경 공부, 기도, 봉사 활동에 전념해야 한다고 생각한 것이다.

그러나 우리 옛 사람은 그리스도와 함께 십자가에 못 박혔기 때문에(갈라디아서 2:20) 이제 우리에게 그 옛 본성은 없다. 성경도 우리 옛 사람이 죽었다고 분명히 말한다.

>이는 너희가 죽었고 너희 생명이 그리스도와 함께 하나님 안에 감추어졌음이라 _골로새서 3:3

>무릇 그리스도 예수와 합하여 세례를 받은 우리는 그의 죽으심과 합하여 세례를 받은 줄을 알지 못하느냐 _로마서 6:3

과거 나는 우리 안의 옛 사람이 죽었다는 생각이 틀린 말이라고 생각했다. 그러나 로마서 6장 6절에서 바울이 분명히 말한 것처럼 만일 죽은 것이 옛 사람이 아니라면 무엇이 죽었다는 말인가? 아담 안의 옛 본성이 예수 그리스도와 함께 십자가에서 죽었다는 것, 이것이 진실이다. 바울은 갈라디아서 2장 20절에서 다음과 같이 말한다. "내가 그리스도와 함께 십자가에 못 박혔나니 그런즉 이제는 내가 사는 것이 아니요 오직 내 안에 그리스도께서 사시는 것이라 이제 내가 육체 가운데 사는 것은 나를 사랑하사 나를 위하여 자기 자신을 버리신 하나님의 아들을 믿는 믿음 안에서 사는 것이라." 즉 우리는 믿는 자로서 아담이 아닌 그리스도 안에 사는 것이다.

질문있어요

우리 안에 옛 사람이 남아 새 사람으로 사는 현재의 나와 싸운다는 말은 거짓말이다. 옛 사람은 예수 그리스도와 함께 십자가에서 죽었기 때문이다. 따라서 지금 우리의 전쟁은 내면에 있는 죄의 권능과의 전쟁이다. 내면에 있는 죄와 옛 사람은 완전히 별개이므로 오해하면 안 된다. 우리는 과거와 동일한 육신을 입고 있기 때문에 여전히 죄를 짓는 성향이 있다. 그래서 죄의 권능은 여전히 우리에게 영향을 미친다(로마서 7:16-25). 그렇다고 해도 죄를 짓는 것은 더 이상 우리의 본성이 아니다.

우리의 존재 중심에 우리를 지배하려는 악한 본성이 있다고 믿는가. 분명 마귀는 그 거짓말로 우리가 의롭게 살 수 없는 존재라고 생각하도록 끊임없이 우리를 속이려 들 것이다. 장기적으로 보았을 때 우리는 보통 자신이 생각하는 자아상에 따라 행동하게 되어 있다. 결국 내면 어딘가에 자리한, 자신이 악하다는 잘못된 생각이 죄를 저지르게 하는 촉매제로 작용하는 것이다. 그러니 우리가 악하지 않을 뿐만 아니라 예수 그리스도의 본성을 받아 의로운 존재로 거듭났다는 진실을 이해하면 우리는 진정한 자아를 소유한 거룩한 성도로 살 수 있다.

이 장은 단순히 긍정적인 자아상을 제시하여 당신의 기분을 좋게 하려는 목적으로 쓴 것이 아니다. 우리는 지킬 박사와 하이드

같이 영적으로 분리된 자아를 가지고 있지 않으며 오히려 뼛속 깊은 곳까지 의로운 자다! 이런 우리에게는 거룩한 자아상이 필요하다. 사도 베드로가 말한 '신성한 성품에 참여한 자', 즉 믿는 자 말이다(베드로후서 1:3-4). 하나님이 당신을 보듯 당신도 자기 자신을 볼 수 있었으면 좋겠다!

    우리의 느낌이나 행동을 기초로 자신을 판단하지 말라. 오직 하나님만이 우리 정체성을 판단하시는 분임을 인정하라. 성경은 아담에게 물려받은 우리의 옛 본성이 예수 그리스도와 함께 십자가에서 죽었다고 분명히 말한다. 따라서 "옛 사람은 굶기고 새 사람은 살 찌우라."는 말은 거짓이다. 이미 옛 사람이 죽었기에 굶겨야 할 옛 사람은 더 이상 존재하지 않기 때문이다. 성경은 우리가 예수 그리스도의 본성을 가졌고 그 본성만이 우리의 유일한 본성이라고 말한다. 이 진실을 믿지 않으면 내면의 갈등은 계속될 수밖에 없다. 그러니 이 진실을 믿자. 그러면 우리가 가진 진정한 자아대로 살 수 있는 능력을 얻게 될 것이다.

질문있어요

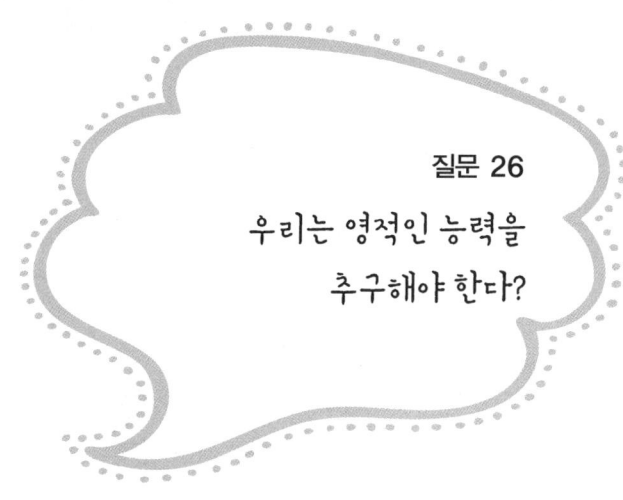

질문 26
우리는 영적인 능력을
추구해야 한다?

우리는 삶에서 성령의 능력이 임하는 역사를 경험하는 것이 중요하다는 가르침을 배워 왔고, 실제로 일상에서 성령의 거룩한 능력을 사모하는 마음은 매우 값진 것이다. 하나님의 뜻을 따르는 삶을 위해서 그리스도의 능력은 필수적이기 때문이다.

이렇듯 우리 삶에서 영적인 능력이 필요하다는 데는 이론의 여지가 없다. 그러나 "우리는 영적인 능력을 추구해야 한다."는 말에서 '추구해야 한다'는 부분이 논쟁을 불러일으킨다. 우리는 영적인 능력을 추구해야 할까? 그렇지 않다. 신약은 우리가 이미 하나님의 능력을 받은 자라고 말한다. 그리스도의 내주하시는 생명이 우리 안에 있기 때문이다.

　목회를 갓 시작한 무렵 나는 하나님의 능력을 추구하는 데 수많은 시간을 할애했다. 내 행동의 진정성을 입증하기 위해 충분히 기도하고, 금식하고, 성경을 공부하면 혹시나 내가 원하는 능력을 받을 수 있지 않을까 생각했다. 그러나 나는 열정을 다해 얻으려고 노력한 바로 그 능력을 이미 소유하고 있었다는 사실을 전혀 깨닫지 못하고 있었다.

　수많은 그리스도인이 "우리는 영적인 능력을 추구해야 한다."는 거짓말에 사로잡혀 끊임없이 '무언가를 더' 찾는다. 이들의 노력은 고귀해 보이기까지 하다. 이렇게 성령의 영적인 능력을 추구하느라 많은 에너지와 노력을 쏟는 사람들을 만나면 그들의 크나큰 열정에 감명을 받는다.

　그러나 안타까운 사실은 그들의 마음이 아무리 순수하다고 할지라도 그 열정이 잘못된 목표를 향해 있다는 점이다. 사실 우리는 영적인 능력을 열심히 추구할 필요도, 하나님으로부터 더 많은 능력을 받을 필요도 없다. 이미 받은 그리스도의 능력을 발견하기만 하면 된다.

　바로 지금 우리에게 하나님의 거룩한 생명이 있음을 알고 있는가? 우리는 그리스도를 소유한 자들이다. 그리스도를 소유했다는 것은 엄청난 의미를 지니며, 그것이 우리 삶에 미치는 영향력은 엄청나다. 성경은 예수님에 대해 이렇게 말하고 있기 때문이다. "그 안에는 신성의 모든 충만이 육체로 거하시고"(골로새서 2:9). 즉 예수 그리스도 안에는 거룩한 능력이 충만하며 능력의 부족함이 조금도 없다는 뜻이다.

골로새서 2장 10절에서 신성의 충만함에 관한 이야기가 계속된다. "너희도 그 안에서 충만하여졌으니." 지금 이 순간에도 예수 그리스도는 우리 안에 계신다. 이는 우리가 하나님의 능력을 이미 받았다는 의미다. 우리 안에 사시는 그리스도로 말미암아 우리에게 부족한 것은 아무것도 없다. 영적인 영역도 예외는 아니다. 우리가 받은 충만함으로 영적 능력의 부족함도 사라졌다. 이미 우리 안에는 하나님의 능력이 있지 않은가!

예수님은 부활하신 후 제자들에게 이렇게 말했다. "오직 성령이 너희에게 임하시면 너희가 권능을 받고 예루살렘과 온 유대와 사마리아와 땅끝까지 이르러 내 증인이 되리라 하시니라"(사도행전 1:8). '능력'을 나타내는 그리스어는 두나미스^{dunamis}이며 다이너마이트^{dynamite}라는 영어 단어가 여기에서 유래한 말이다. 이 두 단어를 통해 볼 수 있듯이 지금 우리 안에는 거룩한 생명의 다이너마

이트가 내재되어 있다. 주님의 전능하신 능력이 언제나 거하고 있다는 뜻이다. 그래서 사도 바울도 말하지 않았는가. "내게 능력 주시는 자 안에서 내가 모든 것을 할 수 있느니라"(빌립보서 4:13).

사도 바울은 하나님께 받은 능력으로 다른 사람을 위해 수고하며 하나님을 섬기는 삶을 살았다. 아마 바울보다 더 많은 사역을 한 사람은 역사상 찾아보기 어려울 것이다. 그렇다면 바울은 어떻게 그 큰 일을 감당할 수 있었을까? "이를 위하여 나도 내 속에서 능력으로 역사하시는 이의 역사를 따라 힘을 다하여 수고하노라"(골로새서 1:29).

'내 속에서 능력으로 역사하시는 이의 역사를 따라' 라는 말에 그 답이 있다. 바울은 그리스도가 내주하시므로 더 필요한 능력도, 부족한 것도 없다는 사실을 잘 알고 있었다. 그래서 그는 이렇게 말했다. "찬송하리로다 하나님 곧 우리 주 예수 그리스도의 아버지께서 그리스도 안에서 하늘에 속한 모든 신령한 복을 우리에게 주시되"(에베소서 1:3). '모든 신령한 복' 에는 하나님의 능력이 포함된다. 즉 하나님은 그의 능력으로 이미 우리를 축복했다. 이처럼 하나님의 능력은 앞으로 받을 축복이 아닌, 이미 받은 축복이기에 추구해야 할 대상이 아니다.

율법주의는 우리에게 영적인 능력이 부족하다고 가르친다. 이

질문있어요

가르침 때문에 많은 사람이 영적인 능력을 얻으려면 무언가를 해야 한다고 믿는다. 하지만 하나님의 능력은 우리 안에 있다. 이제 하나님의 능력을 특별한 곳에서 찾으려고 하지 말라. 우리 안에 내주하시는 그에게 의지하면 그가 매일 우리를 통해 성부 하나님의 사랑과 은혜의 놀라운 능력을 나타내실 것이다.

이런 우리에게 부족한 것은 아무것도 없다. "우리 가운데서 역사하시는 능력대로 우리가 구하거나 생각하는 모든 것에 더 넘치도록 능히 하실 이에게 교회 안에서와 그리스도 예수 안에서 영광이 대대로 영원무궁하기를 원하노라 아멘"(에베소서 3:20-21).

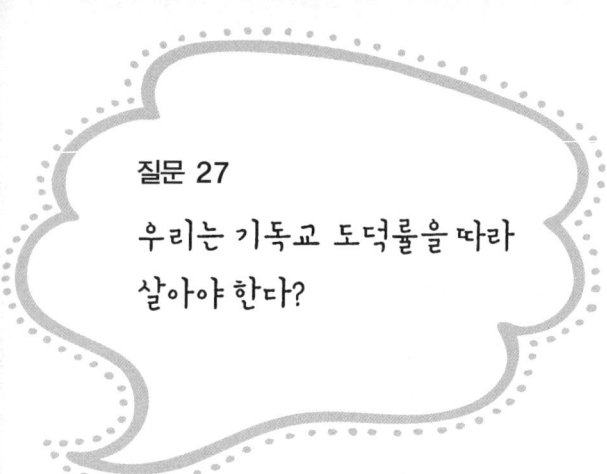

질문 27

우리는 기독교 도덕률을 따라 살아야 한다?

이번 주제 역시 아마 많은 사람들을 깜짝 놀라게 만들만한 내용일 것이다. 기독교 도덕률을 따라 사는 것이 뭐가 잘못되었다는 말인가? 비도덕적으로 사는 것보다 도덕적으로 사는 것이 옳지 않은가?

그러나 이 질문은 중요한 본질을 놓치고 있다. 우선 우리 자신은 누군가의 도덕성을 판단할 위치에 있지 않다는 사실이다. 그뿐만 아니라 하나님이 계획하신 우리 삶의 기초는 세상이 만든 도덕 체계에 있지 않다. 하나님은 우리를 위해 도덕률을 따르는 삶보다 훨씬 더 멋진 삶을 계획하고 계시기 때문이다.

기독교 도덕률대로 살아야 한다는 말을 들으면 몇 가지 의문이 생긴다. '기독교 도덕률'이란 정확히 무엇을 말하는가? 기독교에만 특별히 적용되는 도덕률에는 무엇이 있는가? 혹시 거짓말, 도둑질, 간음을 반대하는 것을 의미하는가? 부모님을 공경하고, 내가 대접받으려면 먼저 남을 대접해야 한다는 것은 어떤가? 여타 주요 종교들 역시 이런 도덕률에 찬성한다. 무신론자들조차 십계명 같은 내용에 대해서는 지켜야 할 도덕규범으로 여긴다. 그렇다면 이쯤에서 다시 생각해 보자. 기독교에만 특별히 적용되는 도덕규범은 도대체 무엇인가?

그리스도인에게 기독교와 비기독교의 도덕규범이 크게 다르지 않다고 말하면 이런 반응이 나온다. "그래요, 맞는 말씀이에요. 그렇지만 기독교인들은 타 종교인들이나 불신자들보다는 도덕규범을 잘 지키잖아요." 여러분이 만일 그렇게 말할 정도로 순진하다면 내가 플로리다 에버글레이즈에 땅을 좀 가지고 있다고 해도 믿겠는가?

실질적으로 도덕규범을 따라 사는 사람들이 도덕적으로 성공할 확률과 실패할 확률은 반반이다. 아무리 도덕적으로 살려고 발버둥을 쳐도 넘어지는 것이 인간이다. 그렇기에 우리는 도덕률이 아닌 그리스도를 중심으로 살지 않으면 결코 성공할 수 없다.

우리 시대뿐만 아니라 예수님이 이 땅에 계셨던 당시에도 인간의 기준으로 보았을 때 매우 도덕적으로 사는 사람들이 많이 있었다. 하지만 도덕과 관련한 하나님의 뜻을 파악하려면 일단 도덕률을 추구하는 것 자체가 인간을 향한 하나님의 목적은 아니라는 사실을 분명히 인식해야 한다.

창세기의 둘째 장은 이 세상에서 우리가 어떻게 살아야 할 것인지에 관해 두 가지 대안을 제시한다. 이 두 대안은 에덴동산의 중앙에 있는 두 나무, 곧 생명나무와 선악을 알게 하는 지식나무로 표현된다.

원칙적으로 구약은 신약을 바탕으로 해석된다. 신약은 생명나무가 예수님의 표상이라고 말한다. 어쨌거나 예수 그리스도가 생명이라는 말은 신약 곳곳에서 쉽게 찾아볼 수 있다.

반면 선악을 알게 하는 지식나무는 도덕의 나무다. 왜일까? 지식나무가 아담과 하와에게 무엇을 주었는가? 바로 지식이었다. 그렇다면 그 지식은 무엇에 관한 것이었는가? 그렇다. 지식나무는 바로 선과 악에 관한 지식, 즉 옳고 그름의 지식을 제공했다.

옳고 그름은 도덕의 영역이다. 그리고 이미 알고 있듯이 도덕적인 삶은 옳은 행동을 하고 그릇된 행동을 하지 않는 것이다. 즉, '옳은 행동을 하고 악한 행동을 하지 말라.' 이것이 바로 도덕이

질문있어요

전하는 명확한 메시지다.

하나님이 에덴동산에서 아담과 하와에게 하신 말씀을 보면 우리가 어떻게 살기 원하시는지에 대한 하나님의 뜻을 알 수 있다. 하나님은 악한 가지를 피해 좋은 가지에서만 열매를 따 먹는다면 '도덕나무'의 실과를 먹어도 된다고 말씀하지 않으셨다. 명확히 선악을 알게 하는 나무의 열매는 먹지 말라고 말씀하셨다(창세기 2:17). 하나님이 원하는 우리의 삶이 단순히 선한 일을 하고 악한 일을 피하는 삶이 아님을 알 수 있는 대목이다.

그렇다면 우리는 어떻게 살아야 할까? 예수님이 직접 요한복음 15장 4-5절에서 이에 대해 설명하셨다. "내 안에 거하라 나도 너희 안에 거하리라 가지가 포도나무에 붙어 있지 아니하면 스스로 열매를 맺을 수 없음 같이 너희도 내 안에 있지 아니하면 그러하리라 나는 포도나무요 너희는 가지라 그가 내 안에 내가 그 안에 거하면 사람이 열매를 많이 맺나니 나를 떠나서는 너희가 아무것도 할 수 없음이라."

다시 말해 우리 안에 흐르는 그의 거룩한 생명으로 열매를 맺는 것, 그것이 바로 우리 삶을 향한 예수님의 분명한 계획이다. 이는 단순히 도덕적인 생활을 하느냐 마느냐의 문제가 아닌 그를 우리 삶의 원천으로 믿느냐 믿지 않느냐의 문제이다. 우리가 그를 우리 삶의 원천으로 믿을 때 우리는 기적적인 삶을 살 수 있는 능력을 얻을 수 있다.

'기독교 도덕률'은 모순이다. 우리는 도덕률이 아닌 예수님의 생명을 따라 살게 되어 있다. 그런데 도덕률을 따르는 삶을 사는 이유는 우리가 옳고 그름을 판단하여 옳은 일은 하고 그른 일은 하지 않는 것, 즉 우리의 행동에 초점을 맞추기 때문이다. 도덕률에 초점을 맞춘 생활은 우리를 하나님 안이 아닌 지식나무 안에서 살게 한다. 이는 우리를 향한 하나님의 계획이 아니다.

우리가 도덕적인 삶을 살고자 그리스도를 따르는 것인가? 아니다. 우리는 그리스도를 믿고 우리를 통해 우리 안의 예수님을 드러나게 하기 위해 산다. 즉 도덕을 초월하여 말 그대로 그의 생명을 따라 사는 것이다. 이렇게 했을 때 도덕적인 삶 이상의 삶을 살 수 있으니 도덕적인 사람이 되려고 노력하는 것보다 훨씬 낫지 않은가?

질문있어요

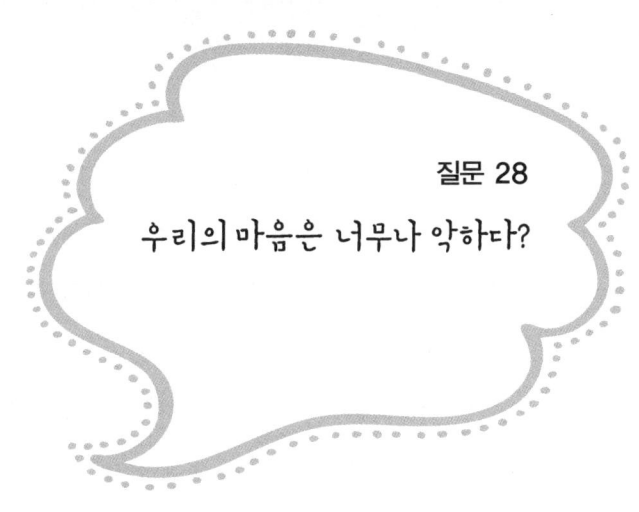

질문 28
우리의 마음은 너무나 악하다?

　　　　　　　　　　나는 수년간 내 마음의 중심에는 여전히 악한 것이 자리 잡고 있다고 생각했다. 하나님께 지난 내 모든 것을 용서받았다는 것을 알았지만 여전히 죄의 태도를 가지고 죄의 생각으로 인한 죄악 된 행동을 하는 나를 보았기 때문이다. 게다가 많은 사람들로부터 우리 마음은 아직 악하고 신실하지 못하다는 말을 수없이 들어왔다.

　그러나 우리 마음은 더 이상 악하지 않다. 인간이란 생각하는 대로 행동하게 되어 있어서 "우리의 마음은 너무나 악하다."라는 거짓말을 진짜로 믿으면 실제로도 그와 같은 잘못된 신념에 따라 행동하게 될 뿐이다.

그러면 많은 사람의 입에서 오르내리는 "우리 마음은 너무나 악하다."는 말은 어디에서 왔을까? 그것은 구약 성경 예레미야에서 나온 말이다. "만물보다 거짓되고 심히 부패한 것은 마음이라 누가 능히 이를 알리요"(예레미야 17:9).

많은 설교자들이 옛 언약인 구약 성경을 인용해 우리 마음을 악하다고 말한 것이다. 성경 전체가 우리를 위해서 기록되었기 때문에 그 말씀들은 우리를 가르치고 영적으로 성장시키는 데 매우 유익하다. 하지만 신약의 성도들에게 모든 성경의 토씨 하나하나가 그대로 적용되지는 않으므로 이를 우리 삶에 적용할 때에는 적절한 해석을 하는 것이 매우 중요하다. 다시 말해 성경을 해석할 때는 적절한 규칙을 지켜야 한다.

그중 중요한 원칙은 맥락context을 파악하는 것인데 성경의 어떤 구절을 읽더라도 다음의 질문을 고려해야 한다.

1. 누가 말하고 있는가? 혹은 쓰고 있는가?
2. 언제 말했는가? 혹은 썼는가?
3. 누구에게 말하고 있는가? 혹은 쓰고 있는가?
4. 당시 그들이 의도했던 의미는 무엇인가?
5. 메시지를 준 당시 상황은 어떠했는가?

십자가 사건으로 새로운 언약이 발효되기 전에 기록된 성경, 즉 구약을 읽을 때는 그 메시지가 율법 아래 살고 있는 사람들에게 주어졌다는 사실을 기억하며 해석해야 한다. 우리는 더 이상 구약 아래 살지 않고 예수 그리스도가 우리를 대신하여 피를 흘린 십자가에서 시작된 새로운 언약, 즉 신약의 시대를 살고 있기 때문이다. 그렇기에 성경을 해석할 때는 자칫 내용을 오해하지 않기 위해 꼭 기억해야 하는 중요한 사실이 있다. 바로 성경은 모두 우리의 유익을 위해서 기록되었지만 모든 내용이 우리에게 직접적으로 적용되지 않는다는 점이다.

  앞서 언급한 예레미야가 우리 마음에 대해 한 말은 당시 그의 이야기를 듣던 사람들을 향해서 한 말이다. 그들은 예수 그리스도가 십자가에 매달림으로 인해 새 시대를 시작하게 된 혜택을 경험하지 못했던 구약의 사람들이다. 그러나 은혜의 하나님은 옛 시대를 살고 있는 그들이 지닌 인간의 문제를 해결할 새로운 역사를 약속하셨다.

  에덴동산에서 언약을 어긴 이후 타락한 인간의 마음에 문제가 생겼다. 타락한 순간 인간의 마음은 죄로 어두워졌고 이를 치료할 길이 없었던 것이다. 죄악으로 물든 마음이 깨끗한 다른 것으로 교체되는 것 외에는 다른 해결책이 없었다. 그래서 하나님은 예수님이 오시기 수백 년 전에 이 문제를 원천적으로 해결할 방법을 약속하셨다.

> 맑은 물을 너희에게 뿌려서 너희로 정결하게 하되 곧 너희 모든 더러운 것에서와 모든 우상 숭배에서 너희를 정결하게 할 것이며 또 새 영을 너희 속에 두고 새 마음을 너희에게 주되 너희 육신에서 굳은 마음을 제거하고 부드러운 마음을 줄 것이며 또 내 영을 너희 속에 두어 너희로 내 율례를 행하게 하리니 너희가 내 규례를 지켜 행할지라 _에스겔 36:25-27

이 약속은 그리스도가 오기 600년 전 예언이다. 은혜의 하나님은 이 예언을 통해 아들의 육체와 그의 역사를 통해 이루실 일에 대한 분명한 예표를 주셨다. 여기서 우리는 주님이 죽음을 통해 이루실 영적인 죄 씻음을 볼 수 있다. 이는 죄 사함, 칭의를 비롯한 모든 것을 완성하는 역사다. 하나님은 예수님을 보내 우리의 굳고 타락한 옛 마음을 가져가셔서 부드럽고 예민한 새 마음을 주시고, 또한 그의 영을 우리에게 주시기로 약속하셨다. 이러한 하나님의 약속은 성경 곳곳에서 찾아볼 수 있다.

우리의 마음이 너무나 악하다는 말이 왜 거짓인지 알겠는가?

질문있어요

예수 그리스도 안에서 이 모든 예언의 약속이 실현되었다면 우리 마음이 아직도 악하겠는가? 그렇지 않다. 그래서 바울도 이렇게 말한다. "주와 합하는 자는 한 영이니라"(고린도전서 6:17).

바울의 말에 고개를 갸웃거리겠지만 이 말은 진실이자 앞서 제기된 질문에 답을 제공한다. 생각해 보라. 예수 그리스도와 '한 영'이 된 우리가 어떻게 예전과 같을 수 있다는 말인가? 어떻게 여전히 악한 마음을 품을 수 있다는 말인가?

> 이로써 그 보배롭고 지극히 큰 약속을 우리에게 주사 이 약속으로 말미암아 너희가 정욕 때문에 세상에서 썩어질 것을 피하여 신성한 성품에 참여하는 자가 되게 하려 하셨느니라 _베드로후서 1:4

베드로가 말한 '신성한 성품에 참여한 자'가 된다는 것은 하나님의 성품이 우리 성품이 된다는 의미이다. 물론 우리가 하나님이 된다는 뜻은 아니다. 단지 우리가 하나님과 연합했으므로 그의 성품을 받았다는 뜻이다.

이렇듯 그리스도 안에서 구원을 받은 우리는 하나님께 새로운 마음도 받았다. 그리고 우리 안에는 예수 그리스도의 성품이 충만하니 그가 우리의 의가 되신다.

우리의 마음이 너무나 악하다는 생각은 버리라. 그리스도가 이루신 일과 그가 우리에게 주신 생명으로 우리의 마음은 의롭게 되었다. "그런즉 누구든지 그리스도 안에 있으면 새로운 피조물이라 이전 것은 지나갔으니 보라 새 것이 되었도다"(고린도후서 5:17).

우리 마음이 너무나 악하다는 잘못된 가르침은 우리가 우리의 마음을 믿지 못하게 하는 원인이 된다. 그러니 이제 그리스도를 온전히 의지하자. 우리 안에 사시는 그리스도의 영은 우리를 바른 길로 인도하시고 우리가 완전히 그의 형상에 이를 때까지 그 일을 멈추지 않으신다.

질문있어요

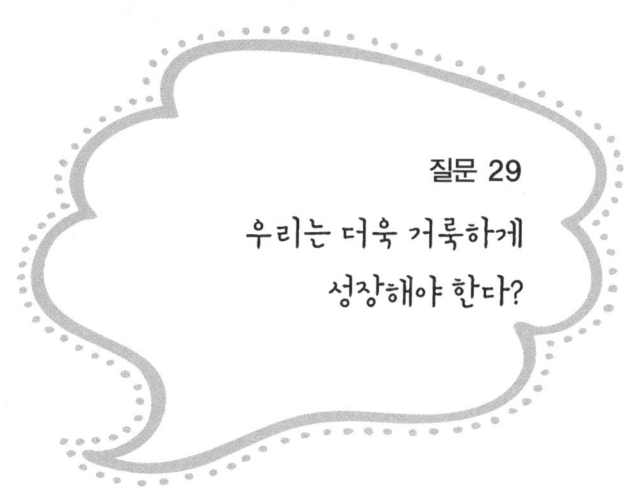

질문 29
우리는 더욱 거룩하게
성장해야 한다?

　　　　　　　　　　사람이 거룩해지는 방식
에 대한 고민은 기독교에서 아주 오랫동안 가장 뜨겁게 논의되어
온 주제다. 이에 대한 차이로 교파가 나뉠 정도였다. 그런데 이와
관련한 흥미롭고도 슬픈 사실이 있다. 바로 사람이 거룩해지는 방
식에 관한 의견 차이는 애초부터 이 주제에 잘못 접근하여 생겨났
다는 점이다.

　"사람이 어떻게 거룩하게 되는가?"라는 질문을 하면 아마 많은
답변이 나올 것이다. 그러나 모든 답변은 공통적으로 우리가 해야
할 일에 관해 말할 가능성이 크다. 예를 들어 어떤 사람은 거룩하
게 되려면 성경을 읽고 기도 생활을 열심히 해야 한다고 생각한

다. 또 어떤 사람들은 금식을 해야 거룩하게 된다고 생각한다. 반면에 잘못된 습관을 끊고 하나님이 우리에게 지시하셨다고 여겨지는 일을 해야 한다고 생각하는 사람들도 있다. 이외에도 다양한 답변이 있겠지만 이 답변들은 모두 율법주의적인 관점으로 접근하여 우리가 하는 일에 초점을 맞춘다. 하지만 지금까지 이 책에서 계속 말해 왔듯이 은혜는 우리가 하는 일이 중심이 아니라 하나님이 하시는 일이 중심이다.

그렇다면 거룩하다는 말은 어떤 의미인가? '거룩하다'는 '하나님에 의해 구별되다'라는 뜻이다. 이는 우리 자신을 가장 잘 표현하는 정의이다. 성부 하나님은 하나님과 그의 목적을 위해 우리를 그의 자녀로 구별하셨기 때문이다. 그러므로 우리가 거룩하게 되는 것은 하나님이 우리를 보통의 사용에서 분리하여 그의 특별한 목적을 위해 쓰시기로 하셨을 때 가능하다. 이 모든 것은 우리가 한 일이 아니라 하나님의 은혜로 말미암은 결과다.

우리는 우리의 행동으로 거룩해지지 않고, 지금보다 더욱 거룩해질 수도 없다. 다시 말해 우리는 하나님에 의해 구별되었지만, 자신의 힘으로 지금보다 '더 구별되게' 할 수 없다는 것이다.

"더욱 거룩하게 성장해야 한다"는 생각은 여러 가지 이유로 잘못되었다. 무엇보다도 가장 큰 이유는 이런 생각이 그리스도가 십자가에서 이루신 일을 간과하고 있다는 점이다. 성경은 우리가 이미 예수 그리스도 안에서 거룩함을 입었다고 가르친다. 고린도전서 3장 16절은 우리 몸이 성전이며 그 안에 성령이 산다고 말한다. 그러므로 우리가 스스로 거룩하게 성장하겠다고 해도 결코 거룩해지지 않는다. 거룩함은 예수 그리스도의 형상으로 우리에게 주어지는 것이기 때문이다.

우리의 감정과 행동이 우리의 거룩함을 결정하지는 못한다. 오로지 하나님의 말씀만이 우리가 거룩한지 그렇지 않은지를 결정한다.

우리는 항상 거룩하게 행동하지 못하거나 스스로 거룩하지 않다고 느낄 수도 있다. 그러나 그런 사실이 우리의 정체성, 즉 우리가 거룩하게 되었다는 진실을 바꾸지는 못한다. 이는 우리의 행위가 아닌 그리스도가 하신 일로 결정되기 때문이다.

우리 삶이 거룩하게 변화되기를 원한다면 우리가 그리스도 안에서 거룩함을 얻었다는 진실을 삶에 적용하고 받아들이면 된다. 그러면 일상에서 행동과 태도의 변화를 경험하게 될 것이다.

거룩함이 도덕적 완벽함과 관계가 있다고 생각한다면 사도 바울이 고린도 교회에 쓴 신약 서신을 보라고 권하고 싶다. 고린도 교인들의 생활은 행위가 올바르지 않았다는 말로는 부족할 정도로 아주 부패한 상태였다. 교회 내부에는 교인들 사이의 분열, 술 취함, 시기, 음란 등 온갖 죄악된 행동이 만연했다.

그런데도 사도 바울은 고린도 교인들에게 쓴 서신을 이렇게 시작한다. "고린도에 있는 하나님의 교회 곧 그리스도 예수 안에서 거룩하여지고 성도라 부르심을 받은 자들과 또 각처에서 우리의 주 곧 그들과 우리의 주 되신 예수 그리스도의 이름을 부르는 모든 자들에게"(고린도전서 1:2). 사도 바울은 고린도 교인들이 '그리스도 안에서 거룩하게 된' 자들이라고 말한다. 분명히 사도 바울은 그들의 그릇된 행동을 잘 알고 있었고 서신의 후반부에 그 내용을 다루기도 했는데도 말이다. 분명히 말하지만, 우리의 행동이 우리의 정체성을 결정짓지 않는다! 고린도 교인들의 행동이 어떻든 간에 그들은 거룩한 자들이었다. 그들이 '잘못된 행동을 하는 성도'일지라도 '거룩한 자' 라는 사실은 변함이 없었다. 그들의 거룩함은 행동의 잘잘못과는 관계가 없기 때문이다.

또한 바울은 같은 서신에서 이렇게 말하기도 한다. "너희는 하나님으로부터 나서 그리스도 예수 안에 있고 예수는 하나님으로부터 나와서 우리에게 지혜와 의로움과 거룩함과 구원함이 되셨으니"(고린도전서 1:30). 즉 바울은 그들이 그리스도 안에 있는 것은 하나님이 하신 일이며 그리스도가 그들의 거룩함이 된다고 말하는 것이다. 이 구절을 통해 다시 한번 부패한 고린도 교인들이라 할지라도 하나님의 눈에는 이미 거룩한 자들이었음을 알 수 있다.

히브리서 저자는 우리가 어떻게 거룩하게 되었는지를 아주 명쾌히 설명한다. "이 뜻을 따라 예수 그리스도의 몸을 단번에 드리심으로 말미암아 우리가 거룩함을 얻었노라"(히브리서 10:10). 즉 하나님이 그리스도로 말미암아 우리를 거룩하게 하셨다는 것이다.

신약 성경에서 말하는 것처럼 우리는 그리스도의 역사로 거룩하게 되었다. 그렇다면 우리가 거룩함을 추구해야 할 것처럼 보이는 성경 구절들은 어떻게 이해해야 할까? 예를 들어 히브리서 12장 14절의 "모든 사람과 더불어 화평함과 거룩함을 따르라 이것이 없이는 아무도 주를 보지 못하리라"에 언급된 '거룩함을 추구하라(따르라)'는 구절은 어떤 의미인가? 우리는 이 구절을 해석할 때 히브리서 저자가 어떤 의도에서 이 말을 했는지를 잘 살펴보아야 한다.

규칙을 더 잘 지키라는 의미에서 그렇게 말했다고 생각하는가? 그렇지만 우리는 이미 앞에서 거룩함의 의미가 율법을 지키는 것이 아니라는 사실을 살펴보았다.

결국 히브리서에서 언급한 거룩함을 추구한다는 말은 하나님이 우리에 관해 하신 말씀에 열심히 동의하는 행위를 의미한다. 다시 말해 하나님이 하시는 말씀은 모두 진실이므로 그 말씀을 진실로 알고 행동하라는 것이다. 우리는 예수 그리스도를 소유했고 그가 우리의 거룩함이 되신다. 그러므로 그의 내주하시는 생명을 진실로 받아들일 때 우리는 거룩함을 추구하게 된다. 그렇게 할 때 우리의 생각과 태도, 행동이 거룩함을 더욱 잘 표현하게 될 것이다. 그러나 그런 모습으로 우리 자신이 더 거룩해졌다고 말할 수는 없다. 우리는 그리스도로 말미암아 이미 충분히 거룩하기 때문이다. 이보다 더 거룩하게 되어야 한다고 생각된다면 고린도전서 3장 16-17절을 상고하기 바란다.

"더욱 거룩하게 성장해야 한다."라는 거짓말을 믿는다면 더 거룩해지기 위해 무엇을 해야 하는지 자문할 수밖에 없는 상황에 처한다. 물론 우리가 "예수님이 우리 안에 있고 우리가 그의 안에 있다."는 깨달음의 은혜를 진실로 받아들일 때 우리의 행동은 거룩함을 더욱 표현하게 된다. 그러나 이 말은 우리가 더 거룩하게 된다는 의미는 아니다. 그보다는 우리의 정체성에 맞춰, 우리답게 행동한다는 뜻이다.

그러니 부디 더욱 거룩하게 성장해야 한다는 거짓말을 믿지 말

질문있어요

고 우리가 이미 거룩하게 되었다는 신약의 진리를 믿기 바란다. 예수 그리스도가 우리의 거룩함인 것을 믿고 그 거룩함의 근거로써 그가 이루신 일을 받아들이라. 그렇게 할 때 우리는 우리를 거룩하게 하기 위해 자신을 우리에게 주신 그리스도와 십자가를 높이게 된다.

질문 30
우리는 그리스도를 더욱 사랑하게 해 달라고 기도해야 한다?

"주 예수님, 제가 당신을 더욱 사랑할 수 있게 도와주세요." 나는 오랜 시간 이렇게 반복해서 기도했었다. 혹시 당신도 그런가? 내가 그랬듯 당신도 예수님과의 친밀함을 갈구하며 그랬을 것이다. 우리가 드린 기도의 내용 중 "예수님을 더욱 사랑해야 한다."는 말에는 틀린 부분을 찾기 어렵다. 아무리 생각해 보아도 틀린 말이 아니지 않은가?

그러나 이쯤에서 이런 율법주의적인 거짓말에 깔린 공통분모를 인식하게 되었기를 바란다. 이 장의 주제를 다시 읽어 보라. 이 기도가 율법주의적인 접근법이라는 것을 알려 주기 위해 내가 어떤 단어를 썼는지 보이는가? 분명히 눈에 띄는 단어 두 개가 있을 것이다.

여러분이 지금껏 "해야 한다."라는 말을 들으며 당연하다는 생각이 들었다면 잠시 멈춘 뒤 지금 여러분이 취하고 있는 접근법에 대해 스스로 질문을 던졌으면 좋겠다. 은혜 안에 사는 사람이라면 생활의 근거가 "해야 한다."가 되어서는 안 되기 때문이다. 은혜 안에 사는 우리는 "하고 싶다."는 영역에 발을 들였다! 그렇기에 우리를 움직이는 것은 도덕적 의무감이 아닌, 그리스도를 향한 열정이다. 바로 이것이 은혜의 역사다.

예수님을 더욱 사랑하도록 기도하는 것이 잘못된 접근법이라면 올바른 접근법은 무엇인가? 답이 너무 단순해서 깜짝 놀랄지도 모른다. 바로 우리를 향한 그리스도의 사랑에 자연스럽게 반응하며 살면 된다. 이는 성경에도 나와 있다. "우리가 사랑함은 그가 먼저 우리를 사랑하셨음이라"(요한일서 4:19). 즉 예수님을 사랑하는 것은 우리가 시작하는 것이 아니다. 우리가 하기로 마음먹어서 그를 더 사랑하는 것도 아니다(기도한다고 해도 마찬가지다). 그렇기에 그가 우리를 얼마나 사랑하는지를 더욱 깊이 깨달을 때 예수님을 향한 사랑도 자연히 자라난다.

예수 그리스도를 더욱 사랑하고 싶은가? 그러나 기도한다고 해서 그를 더욱 사랑하게 되는 것이 아니다. 예수님을 더욱 사랑하기 위해서는 그가 우리를 얼마나 사랑하는지에 초점을 맞추어야 한다. 그러면 그의 사랑으로 우리의 가슴이 벅차오르고 그를 향한 사랑이 우리 안에 크게 자라나는 것을 볼 수 있다. 다시 한번 말하지만 우리가 예수님을 사랑하는 것은 그가 우리를 사랑하시기 때문이다. "그가 시작하시고, 우리는 반응한다." 이 원칙을 잊어버리고 그를 더욱 사랑하는 것이 우리에게 달려 있다고 생각하지 말라. 오로지 그가 먼저 우리를 사랑하셨기 때문에 우리도 그를 사랑하는 것이다.

예수님이 바리새인의 집에 저녁 초대를 받으셨을 때였다. 마을의 부도덕한 여인(창기)이 "예수께서 바리새인의 집에 앉아 계심을 알고 향유 담은 옥합을 가지고 와서 예수의 뒤로 그 발 곁에 서서 울며 눈물로 그 발을 적시고 자기 머리털로 닦고 그 발에 입 맞추고 향유를" 부었다(누가복음 7:37-38).

바리새인은 그녀의 부적절한 행동에 투덜거렸다. 더군다나 존경받는 랍비인 예수님을 만지기까지 하는 행동이 마음에 들지 않았다. 그 때 예수님은 두 사람에게 각기 50데나리온과 500데나리온을 빌려 준 사람의 이야기를 해 주셨다. 그리고는 돈을 빌려준 사람이 두 사람의 빚을 탕감해 주었다고 말씀하셨다.

질문있어요

"둘 중 누가 이 사람을 더 사랑할 거라고 생각하는가?" 예수님이 바리새인에게 물었다. 바리새인은 머뭇거림 없이 대답했다. "더 많이 용서받은 사람이겠지요."

"맞다." 예수님은 이어 이렇게 말씀하셨다. "이 상황도 그와 같다. 내가 이 집에 들어왔을 때 너는 나의 발을 씻겨 주지 않았다. 그것은 흙길을 걸어온 손님에게 베푸는 일반적인 예의였음에도 말이다. 그리고 내 볼에 입을 맞추며 인사하지도 않았다. 그런데 이 여인은 값비싼 향유로 내 발을 씻겨 주었다. 자기 머리카락을 사용해서 말이다! 그녀는 나의 발에 입까지 맞췄다!"

그리고 나서 예수님은 바리새인이 절대 이해하지 못할 말을 하신다. "많이 용서받은 사람은 더 많이 사랑하고 적게 용서받은 사람은 적게 사랑한다." 그리고 그 여인을 돌아보며 말씀하셨다. "여인아, 네 죄가 모두 사하여졌다."

예수님의 말씀에서 가장 핵심적인 부분을 놓치지 말라. 예수님은, 우리가 예수님이 우리를 얼마나 사랑하는지 이해하는 만큼 그를 더 사랑하게 될 것이라고 말씀하셨다. 하지만 독선적인 사람들은 자신들이 그렇게 악하지 않다고 생각하기에 하나님이 그들에게 주신 위대한 선물의 가치를 충분히 이해하지 못한다. 그러나 하나님의 용서가 얼마나 큰지를 이해한 사람은 어떨까? 그들의 하나님을 향한 사랑은 풍성하게 자랄 것이다.

예수님이 너의 죄가 사해졌다고 말했을 때, 예수님이 하나님의 아들임을 한 치의 의심도 없이 믿는 이 여성이 느꼈을 감정을 상상할 수 있겠는가? 더 이상의 죄책감도, 수치심도, 하나님이 자신에게 실망했다는 감정도 없었을 것이다! 만유의 하나님이 그녀를 받아주시고 사랑하시며 평생의 악한 행동을 완전히 용서하셨음을 깨닫게 된 기쁨을 느꼈을 것이다!

하나님의 마음은 과거에 지은 죄, 현재 지은 죄, 미래에 지을 죄가 어떠하든지 간에 변하지 않기 때문에, 우리를 향한 그의 사랑은 결코 지금보다 커지거나 줄어들지 않는다. 다시 말해 하나님의 사랑은 우리가 하는 일, 하지 않는 일과 아무런 관계가 없다. 하나님은 이미 십자가를 통해 우리를 향한 사랑을 표현하지 않으셨는가! 그의 사랑은 무조건적이며, 쇠하지 않고, 일방적이다. 그렇기에 우리가 과거에 한 일이나 앞으로 할 일, 그 어떤 것도 그의 사랑을 변하게 할 수 없다. 그는 영원무궁하게 우리를 사랑하실 것이다.

어떤 이들은 사람들이 이런 믿음을 가지면 나가서 죄를 짓게 될까 봐 염려한다. 그러나 그것은 괜한 우려다. 하나님의 완전한 용서로 말미암아 죄를 지을 마음을 갖기는커녕 오히려 그를 향한 사랑이 활활 타오르게 될 것이다.

질문있어요

하나님을 더 사랑하는 비결은 무엇인가? 하나님의 크신 사랑을 우리 안에 뿌리내리게 하는 것이다. 생각해 보라. 그 무엇도 하나님의 사랑을 줄이거나 크게 할 수 없다. 하나님이 우리를 먼저 사랑하셨다는 진리를 깨달을 때 우리 안에 그를 향한 사랑이 솟아날 것이다.

그리스도를 더 사랑하기 위해 기도해야 한다는 가르침은 거짓이다. 이 가르침은 우리 자신과 지금 우리가 하나님을 충분히 사랑하지 않고 있다는 사실에 초점을 맞추기 때문에 우리는 그에 대한 사랑이 늘 부족하다고 생각하며 죄책감을 느낀다. 또한 하나님을 더 사랑하지 않는 자신이 뭔가 잘못된 것은 아닌가 하는 기분까지 느끼게 한다. 그러나 절대로 그렇지 않다! 이제 하나님의 사랑을 바라보며 이렇게 기도하자. "하나님 아버지, 거룩하신 성령을 통해 당신이 나를 얼마나 사랑하시는지를 드러내시기를 간구합니다." 그렇게 기도하면 우리를 향한 그의 사랑이 그를 향한 더 큰 사랑으로 우리를 인도하는 것을 깨닫는다. 상상도 못할 만큼 큰 사랑으로 말이다.

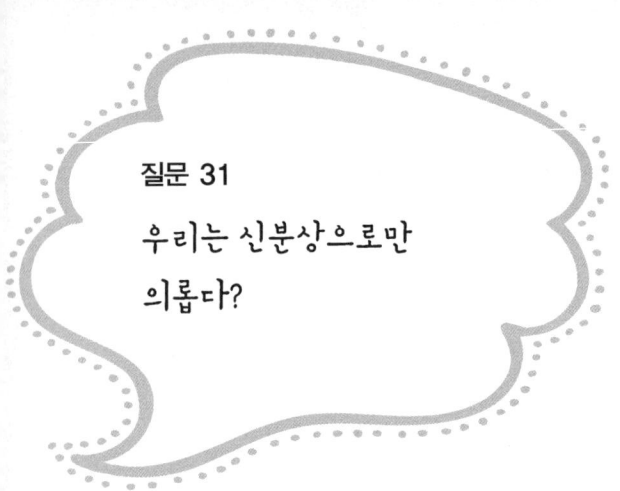

질문 31
우리는 신분상으로만
의롭다?

　　　　　　　　　　　　설교자들이 우리의 정체성에 대해 말하는 성경의 메시지를 자신의 자아와 비교하면 혼란스러울 때가 있다. 예를 들어 예수님을 통해 우리가 의롭게 되었다는 성경의 가르침은 전혀 모호하지 않다. 오히려 아주 분명하다. 예수 그리스도께서 이루신 역사로 우리가 의롭게 되었다는 것은 우리의 정체성에 관한 진실의 중심이자 시작점이기 때문이다.

　　그런데 이런 성경의 가르침을 그대로 받아들이지 못하고 혼란스러워하는 이유는 무엇일까? 그것은 우리가 보는 자신의 모습이나 행동을 성경 말씀과 비교하기 때문이다. 즉 우리는 자신의 평소 모습을 보면서 우리가 기껏해야 가끔 의로울 뿐, 항상 100퍼센트 의롭지는 않다고 생각하기 때문이다.

"나는 의롭지 않은 것 같아. 내가 어떻게 행동하고 생각하고 느끼는지 스스로 잘 아는 걸. 이런 사람을 의롭다고 할 리 없어." 이렇듯 우리는 성경 말씀을 받아들일 때 자기의 주관적 경험을 최상의 기준에 두는 우를 범한다. 그 결과 "나는 의롭지 않다."는 결론에 이르고 마는 것이다. 결국 성경의 가르침을 잘못 이해하는 원인은 성경의 객관적 진실이 아닌 자신의 주관적 경험에 더 가치를 두는 우리의 사고방식에 있다.

어떻게 성경에서 말하는 나의 정체성과 현실을 살아가는 나의 모습이 이처럼 서로 다를 수 있을까? 이러한 기묘한 딜레마 속에서 우리는 "신분상으로만 의롭다positionally righteous."는 교묘한 거짓말에 혹하게 된다.

"우리가 신분상으로만 의롭다."는 말은 성경에서 우리가 의롭다고 말하는 것을 문자 그대로 받아들여서는 안 된다는 말이다. 그렇게 말하는 사람들은 우리가 '실제로는' 의롭지 않지만 하나님이 그리스도 안에서 우리를 의롭다고 간주해 주신다는 것이다. 그러나 그들은 중요한 사실을 간과하고 있다. 바로 하나님이 보시는 것이 실제라는 점을 말이다!

하나님은 실제로 우리가 의롭지 않은데 의롭다고 말하시며 우리와 심리전을 펼치시는 분이 아니다. 하나님이 우리를 의롭다고 보시고 그렇게 말씀하셨다면 정말 그런 것이다. 하나님이 우리를 보시는 그 모습이 바로 우리의 모습이기 때문이다!

많은 사람은 신분상으로만 의롭다는 이 말이 더 설득력이 있다고 생각한다. 적어도 우리의 정체성에 관한 성경의 가르침을 부정하는 것은 아니기 때문이다. 의로움에 관한 성경 말씀의 진실성을 공격하지 않으면서도 우리가 보는 자신에 대한 느낌과 행동도 적절히 설명해 주니 얼마나 편리한가. 아무런 문제도 없어 보이지 않는가?

그러나 우리의 의로움에 대한 성경의 가르침을 단순히 신분으로만 의로울 뿐이라고 말하는 것은 성경에 명백하게 나와 있는 하나님의 말씀을 미묘하게 부인하는 것이다. 진실을 희석하는 것은 진실을 더럽히는 것과 같고, 더럽혀진 진실은 진실이 아니니 결국 거짓말이 될 뿐이다.

사도 바울은 십자가에서 이루신 그리스도의 역사를 이렇게 정의한다. "하나님이 죄를 알지도 못하신 이를 우리를 대신하여 죄로 삼으신 것은 우리로 하여금 그 안에서 하나님의 의가 되게 하려 하심이라"(고린도후서 5:21). 이 구절에는 모호한 부분이 전혀 없다. 분명히 예수님이 우리에게 그의 의를 주시기 위해 자신을 죄로 삼으셨다고 말한다.

그렇다면 예수님이 '신분상으로만' 죄를 담당하셨는가? 아니면 성경 말씀 그대로 우리 대신 자신을 죄로 삼으셨는가? 만일 우리의 신분만 의롭다면 예수님은 우리를 '신분' 만 의롭게 하기 위해 '문자 그대로' 우리 대신 죄를 담당하셨다는 말인가? 이는 도무지 논리에 맞지 않는다.

바울은 로마서에서 칭의의 개념을 분명하게 다루면서 우리가 받은 의롭다 함은 실제이지 '신분상' 이 아니라는 사실을 명확히 했다. 그리고 아담과 그리스도를 비교하며 이렇게 말한다.

한 사람이 순종하지 아니함으로 많은 사람이 죄인 된 것 같이 한 사람이 순종하심으로 많은 사람이 의인이 되리라 _로마서 5:19

만일 우리가 말 그대로 아담을 통해 죄인이 되었다면(우리는 실제로 아담 안에서 죄인이 되었다.) 그리스도 안에서 의인이 되었다는 말도 합당하지 않겠는가? 성경 구절을 떼어다가 반으로 나누어 한쪽은 문자 그대로 취하고 다른 한쪽은 그렇지 않다고 말할 수는 없다.

우리가 그리스도 안에서 의인이 되었다는 성경의 가르침을 확실히 믿는 것은 매우 중요하다. 그렇지 않으면 의로운 행동은 우리 본성과 맞지 않는다는 생각에 사로잡히기 때문이다. 우리는 의인이기 때문에 의로운 생활은 우리의 정체성과 딱 맞다. 이 진실을 받아들일 때 우리는 실제로 의롭게 행동할 수 있는 힘을 얻게 된다.

이제 우리의 의로움이 단순히 신분에 국한될 뿐이며 삶의 현실과는 다르다는 주장이 거짓임을 알겠는가? 이런 거짓말은 우리가 하나님의 의로운 자녀로서 누릴 수 있는 삶을 살지 못하게 방해한다. 그러니 그리스도 안에서 받은 구원의 가치를 폄하하고 희석하는 말을 받아들이지 말라. 우리가 성경에 나온 그대로 의인임을 믿으라. "은혜와 의의 선물을 넘치게 받는 자들은 한 분 예수 그리스도를 통하여 생명 안에서 왕 노릇 하리로다." 로마서 5장 17절의 이 말씀 역시 우리가 신분상으로가 아니라 실제로 의롭다는 진실의 확실한 근거가 된다.

질문 32
신앙이 있다면 모든 상황에서
긍정적으로 행동해야 한다?

      어떤 상황에서도 긍정적 사고를 가져야 한다는 말은 서구 문화권에서 거의 종교처럼 되어 버렸다. 서점에 가면 긍정적 사고에 관한 책으로 가득할 정도다. 이 책들은 모두 우리가 생각을 바로잡으면 어마어마한 성공을 얻을 수 있다는 것에 관한 구체적인 예를 제시한다. 하지만 이런 관점은 여러모로 잘못되었다. 물론 부정적인 생각보다는 긍정적인 생각을 하는 것이 더 좋다는 점을 부인하려는 것은 아니다. 나도 긍정적인 생각을 하는 것이 더 좋다는 데 동의한다.
  긍정적 사고의 철학과 성경적 사고는 많은 측면에서 서로 겹친다. 그래서 그 둘 사이에 존재하는 중대한 차이점을 파악해 내기가 쉽지 않다. 그러한 이유로 어떤 사람들은 성경적 믿음의 가르침을 요즘 유행하는 긍정의 철학과 그릇되게 혼합하여 성경의 가르침과 크게 벗어난 돌연변이 형태의 믿음을 내세우기도 한다.

그렇다면 성경에서 말하는 믿음이란 무엇인가? 성경은 "믿음은 바라는 것들의 실상이요 보이지 않는 것들의 증거"(히브리서 11:1)라고 말한다. 다시 말해 믿음은 텅 빈 소망이나 단순히 우리가 원하는 무언가를 긍정적으로 고백하는 것이 아니다. 아직 보이지 않음에도 그것이 실제라고 인정하는 것이 믿음이다.

19세기 성경 번역가 존 다비는 성경 원어를 공부하지 않은 사람들을 위해 성경의 원어를 영어로 번역했다. 그의 번역은 성경의 저자들이 사용한 어휘의 정확한 의미를 전달하는 데 초점을 두었는데 그가 번역한 히브리서 11장 1절을 보면 믿음의 의미를 분명히 알 수 있다. "이제 믿음은 바라는 것들을 실증하는 것이고, 보이지 않는 것들을 확신하는 것이다." 다시 말해 어떤 것의 실증이란 이미 실제인 것을 검증하는 것이다. 결국 믿음은 무언가를 실제로 만드는 것도 아니고, 무언가를 만들어 낼 창조적인 힘도 없다. 인간이 체험하지는 못했지만 무언가에 가려진 채 분명히 존재하는 현실을 인식하는 것이 믿음이다.

따라서 믿음이 존재의 원천이 된다는 말은 성경적이지 못하다.

질문있어요

믿음은 그 자체로는 창조적인 힘이 없기 때문이다. 믿음은 단지 보이지 않는 세계에 이미 존재하는 것을 확인하는 것이며 그것은 하나님이 정하신 때에 보이는 현실로 나타난다.

한편 기독교 사회 한쪽에서는 종종 믿음의 의미를 왜곡하여 믿음이 있다면 모든 상황에서 긍정적으로 행동해야 한다고 생각한다. 즉 언제나 행복하고 활기차게 행동하고, 현실이 그렇지 않다고 하더라도 일단 자신이 원하는 것을 입으로 말해야 한다는 것이다. 이 외에도 믿음을 희망 사항이라고 생각하거나, 주문을 외우듯 원하는 것을 반복해서 말하면 떡하니 나타나는 초자연적 현상처럼 인식하는 사람도 있다. 그러나 이러한 것들은 결코 믿음이 아니다.

보통 믿음이라고 인식되는 '긍정적인 사고'는 부정적인 말을 하거나 부정적인 감정을 내비치고, 어떤 결과에 대해 불안감을 표출하면 믿음이 아니라고 생각하게 하지만 이는 사실과 다르다. 믿음은 말과 행동을 긍정적으로 하는 것이 아니기 때문이다.

무엇보다 이러한 거짓말은 교인들 사이에 가식적 태도를 양산하여 진실하게 행동하지 못하게 만든다는 점이 가장 심각한 문제다. 다시 말해 원하는 바를 이루기 위해 무언가를 정말 믿는 것처럼 행동하거나, 자신의 실제 생각과 감정을 속이게 되는 것이다.

실제로 나는 그러한 모습을 본 적이 있다.

몇 년 전 젊은 남성의 장례식장에 간 적이 있었다. 그 남성은 부인을 남겨둔 채 예상치 못한 일로 갑자기 사망했다. 우리 부부는 부인에게 다가가면서 슬픔에 잠긴 사람에게 무엇이 도움이 될까 고심했다. 그러나 정작 관 옆에 서 있던 부인은 슬프거나 애통한 표정이 아니었다. 그녀는 가식적이고 어색한 미소를 띠고 있었다. "나는 정말 행복해요. 남편이 천국에 있다고 생각하니 기뻐요."

물론 그 부인은 남편이 천국에 있다는 생각으로 위안을 받았을 것이다. 그러나 장례식장에서 보인 그녀의 미소는 그 당시 그녀가 느꼈을 고통과는 어울리지 않았다. 지금 그녀는 남편이 천국에 있어서 정말 기쁠까? 물론 시간이 어느 정도 흐른 후에는 기쁠 수 있다. 그러나 적어도 지금은 아니다. 아직 죽은 남편의 몸에 있는 온기가 사라지기도 전이었다. 남편을 잃은 젊은 여성이 그렇게 부자연스럽게 행동하는 것을 보고 있자니 어쩐지 섬뜩한 느낌이 들 정도였다. 그렇다. 그날 우리가 보았던 것은 실제도 아니었고, 믿음의 행동도 아니었다.

장례식장을 나오기 전 나는 그녀에게 말했다. "있잖아요. 난 내가 죽었을 때 사람들이 실컷 울었으면 좋겠답니다! 자매님도 차라리 우세요!" 그녀는 아마 '영적인 그리스도인'이라면 자신의 슬픈 감정을 속이고 긍정적으로 행동해야 한다고 생각했을 것이다. 그러나 진정한 믿음은 오히려 남편의 죽음 앞에서 슬픔을 부인하지 않고 마음껏 슬퍼하는 것이다.

믿음은 가식이나 속임을 요구하지 않는다. 즉 누가 더 연기를 잘하느냐의 문제가 아니라는 뜻이다. 진정한 믿음이란 아무리 끔찍한 상황에서도 하나님이 하나님이심을 믿는 것이다. 믿음은 무슨 일이 일어나든 하나님은 선하시며 우리를 사랑하신다는 깨달음을 붙드는 것이기 때문이다. 그러나 우리가 아무리 신실한 그리스도인이라도 고통을 받으면 아프기 마련이다. 그러니 사랑하는 사람의 죽음 앞에서 슬픔을 느끼는 것은 정상적인 반응이다. 우리는 믿음이 있어도 울 수 있다. 하나님을 믿는다는 것은 현실을 부인한다는 의미가 아니기 때문이다.

바울은 마케도니아에서 견딜 수 없이 심한 고난을 당했는데 고린도후서 1장에서 그때의 생활에 대해 "살 소망까지 끊어지고"(1:8)라고 말한다. 이 얼마나 부정적인 말인가? 바울은 자신의 감정을 표현하는 데 부정적인 단어를 거리낌 없이 사용했다. 그리고 이어 이렇게 말한다. "이는 우리로 자기를 의지하지 말고 오직 죽은 자를 다시 살리시는 하나님만 의지하게 하심이라"(1:9). 바울은 낙심과 절망을 숨기지 않으면서도 자신의 믿음을 표현했다.

바울은 믿음이라는 명목 아래 자신의 진짜 감정을 숨기지 않았다. 용감한 척하며 '긍정적'으로 행동하려고 노력하지도 않았다. 그가 부닥친 문제는 너무 가혹하고 고통스러웠기 때문이다. 그런 상황에서 반드시 긍정적으로 행동할 필요는 없다. 솔직하게 행동해도 괜찮다.

예수님 역시 그렇게 행동하신 적이 있다. 십자가 사건 전날 밤 예수님은 겟세마네 동산에서 기도하며 때를 기다리셨다. 성부 하나님께 가능하면 '이 잔'을 마시지 않을 수 있게 해 달라고 땀이 피가 되도록 부르짖으며 기도했다. 히브리서 기자는 그날 밤을 이렇게 표현한다. "그는 육체에 계실 때에 자기를 죽음에서 능히 구원하실 이에게 심한 통곡과 눈물로 간구와 소원을 올렸고 그의 경건하심으로 말미암아 들으심을 얻었느니라"(히브리서 5:7). 하나님의 아들조차 자신의 감정을 '심한 통곡과 눈물'이라고 표현하는데 우리도 당연히 우리 감정을 솔직하게 표현할 수 있다.

기쁨과 행복의 차이를 잘 이해해야 한다. 바울은 "항상 기뻐하라⋯⋯ 범사에 감사하라 이것이 그리스도 예수 안에서 너희를 향하신 하나님의 뜻"(데살로니가전서 5:16, 18)이라고 말했다. 바울은 로마의 감옥에 갇혔을 때도 "주 안에서 항상 기뻐하라."고 말했다. 그 서신을 썼을 당시 목숨이 위태했던 사람이 하기에는 어울리지 않는 말이다. 실제로 그는 갇혀 있는 상황에서 결코 행복을 느끼지는 않았으니 말이다. 그러나 여기서 말하는 '기쁨'은 우리의 외부 환경이 어떻든지 간에 하나님이 우리를 사랑하시고 모든 것을 선으로 이루실 것을 아는 데서 비롯된 깊은 즐거움을 말한다. 그에게는 바로 이러한 기쁨이 있었다.

행복은 일어나는 일에 좌우되지만 기쁨은 그렇지 않다. 다시 말해 행복은 외부 상황에 좌우되지만 기쁨의 원천은 하나님으로부터 나오므로 영원하다. 우리의 생명은 이 세상에 있지 않다.

그러므로 우리는 잠시 왔다 지나가는 세상이 아닌, 그리스도와 함께 이미 천국에 앉아 있음을 아는 데서 기쁨을 느낀다. 그러므로 세상에서 불행을 경험할 때 느끼는 부정적 감정을 인정해도 괜찮다. 그렇다 해도 주권자 되시는 하나님과 내주하시는 그리스도, 어떤 상황에서도 우리를 이끄시는 성령님으로 인해 우리의 기쁨이 끊이지 않기 때문이다.

믿음이 있다고 모든 상황에서 긍정적으로 행동할 수 있는 것은 아니다. 믿음이 있다는 것은 모든 상황을 주관하시는 분을 바라보고 의지한다는 뜻이다. 또한 지금 상황이 어떠하든지 모든 결과가 괜찮으리라는 사실을 아는 것도 믿음이다. 그가 우리를 사랑하시고 다스리시며 모든 일을 해결하시기 때문이다. 어떤 상황에서 하나님의 목적을 정확히 알 경우에는 눈에 보이지 않아도 그의 목적을 담대히 말할 수 있다. 그러나 하나님의 목적을 정확히 모른다면 굳이 긍정적으로 말하거나 행동하려고 노력하지 않아도 된다. 그런 상황에서 부정적으로 행동하거나 말했다고 해서 믿음이 없다고 할 수는 없다. 우리는 그저 하나님과 그의 사랑의 능력, 신실함이 우리가 처한 상황을 완벽히 해결할 것이라 확신하기만 하면 된다. 이것이 바로 믿음 안에서 사는 것이다.

질문있어요

질문 33
그리스도는 하나님의 율법을 지킬 힘을 주신다?

하나님의 율법에 관한 내용은 사람들이 잘못 이해하는 주제 중 하나다. 일례로 어떤 사람들은 예수님이 우리 안에 사시는 것은 우리에게 하나님의 법을 지키게 하기 위해서라고 생각하며 이렇게 말한다. "제가 예수님을 신뢰할 때 예수님은 저를 통해 율법을 이루십니다."

솔직히 고백하자면 나조차도 그렇게 가르쳐 왔다. 내가 초기에 저술한 책을 보면 예수님이 우리를 통해 그의 생명을 나타내시면 우리는 율법에 초점을 맞추지 않고도 율법을 지킬 수 있다고 썼다. 이 주제에 대해 성경이 말하는 바를 좀 더 자세히 살펴보기 전까지는 그 말이 맞다고 생각했다(우리는 모두 하나님의 은혜 안에서 조금씩 성장한다. 은혜에 대해 글을 쓰는 나 역시 그렇다!).

그러나 이런 생각은 단순히 율법과 우리와의 관계를 부정적 관계에서 긍정적 관계로 바꾼 것일 뿐, 여전히 우리를 율법에 매어두는 것임을 깨닫게 되었다. 성경은 우리와 율법 사이에 더 이상 아무런 관계가 없다고 분명히 말한다. 율법이 긍정적이든 부정적이든 말이다.

하나님이 애초에 율법을 주신 이유를 잘 이해해야 한다. 창세기에 기록된 창조 후 인류의 초기 역사를 살펴보면 수백 년간 인류에 율법이 주어지지 않았다는 것을 알 수 있다. 그러던 어느 날 하나님은 새로운 일을 시작하기 위해 아브라함을 택하셨다. 아브라함으로부터 시작하여 이삭, 야곱, 그리고 야곱의 아들들로부터 이스라엘 열두 지파가 나왔다. 그리고 요셉이 노예로 끌려가는 사건을 계기로 이스라엘 민족은 모두 애굽 땅에 내려가 살게 된다. 이후 하나님은 이스라엘 민족의 부르짖음을 들으시고 모세를 지도자로 택하여 약속의 땅으로 이끄셨다.

가나안으로 가는 길에 하나님은 시내 산에서 모세를 만나셨다. 이때 하나님은 모세의 율법으로 알려진 언약을 주셨다. 출애굽기, 레위기, 민수기, 신명기의 수많은 장에서 구약舊約, 즉 이스라엘과 하나님과의 관계에 관한 법이 구체적으로 서술되어 있는데 그 언

질문있어요

약의 효력은 예수 그리스도의 죽음으로 개시된 신약 때까지 이어졌다.

하나님은 왜 이스라엘 민족에게 율법을 주셨을까? 흔히 하나님이 사람들의 죄를 위해 율법을 주셨다고 생각하지만 실제 이유는 전혀 다르다.

당신은 율법이 왜 주어졌다고 생각하는가? 사람들이 삶에서 죄를 덜 저지르게 하기 위해서라고 생각하는가? 사도 바울은 하나님이 이스라엘에 율법을 주신 이유를 이렇게 설명한다. "율법이 들어온 것은 범죄를 더하게 하려 함이라"(로마서 5:20). 아마 많은 사람이 의외라고 생각할 것이다. 하나님이 자기 백성의 죄를 멈추게 하기 위해서가 아니라 오히려 죄를 더 불러일으키려고 율법을 주셨다니 말이다!

도대체 하나님은 무슨 이유로 그런 일을 하셨을까? 사실 하나님은 사람들이 자신의 죄성罪性을 보고, 그들의 도덕적 성품이 하나님을 만족시키기에 충분하다는 잘못된 생각을 버리기 원하셨다. 하나님이 인류를 용납하신 것은 인간이 선해서가 아니라 오직 하나님 자신의 은혜 때문이었다.

그래서 하나님은 이스라엘에게 율법을 주셔서 자신의 연약함을 알아 하나님의 은혜를 바라기 원하셨다. "그러나 죄가 더한 곳에 은혜가 더욱 넘쳤나니"(로마서 5:20). 이 같은 바울의 말처럼 인간의 죄가 더하면 더할수록 하나님의 은혜는 더욱 넘친다. 그러니 자신을 선하다고 여기는 이스라엘에게 은혜가 역사할 수 없었다. 은혜는 자신의 죄성을 보고 인정하는 자에게만 역사하기 때문이다.

물론 율법은 과거 이스라엘 민족에게 주어진 것이지만 그러한 은혜의 원칙은 오늘날 이방인(비유대인)에게도 동일하게 적용된다. 이방인들이 하나님께 선하게 보이기 위해 율법을 지키려 한다면 하나님의 은혜가 설 자리를 잃는 것이다. 다음 성경 구절을 통해 바울이 율법을 어떻게 설명하는지 보라.

> 이같이 율법이 우리를 그리스도께로 인도하는 초등교사가 되어 우리로 하여금 믿음으로 말미암아 의롭다 함을 얻게 하려 함이라 _갈라디아서 3:24

이스라엘에게 율법이 주어진 것은 그들의 죄성을 씻기 위한 노력만으로는 하나님께 받아들여질 수 없음을 드러내기 위해서였다. 그렇다면 어떻게 예수 그리스도가 율법을 지키게 하려고 우리 안에 사신다고 생각할 수 있겠는가?

질문있어요

예수 그리스도는 우리에게 율법을 지키게 하려고 오신 것이 아니다. 그는 우리를 대신하여 율법을 성취하시고 율법의 체계에서 우리를 완전히 벗어나게 하기 위해 오신 것이다! 로마서 10장 4절은 "그리스도는 모든 믿는 자에게 의를 이루기 위하여 율법의 마침이 되시니라."라고 말한다. 그렇다. 우리는 율법을 지킬 필요조차 없다. 이미 우리 안에 율법의 성취인 그리스도가 사시기에 더 이상 율법이 필요하지 않기 때문이다. 하지만 이 말은 율법을 지키지 않는다는 것이지 율법을 어긴다는 뜻이 아님을 유의하기 바란다. 재차 말하지만 우리는 율법과 아무런 관계가 없다.

예수님은 우리가 하나님의 율법을 지키도록 도우시는 분이 아니다. 그뿐만이 아니다. 주님은 우리가 율법에 초점을 맞추는 것이 심각한 실수임을 알기 원하신다. 즉 우리 생각에 하나님이 요구하실 것만 같은 일련의 규칙이 아닌 하나님께 초점을 맞추길 바라신다. 이미 예수님께서 모든 율법을 끝내셨기에 성부 하나님은 우리에게 규칙을 요구하지 않으신다. 성경도 명백히 "너희가 법 아래에 있지 아니하고 은혜 아래에"(로마서 6:14) 있고 "이제는 ······ 율법에서 벗어났으니."(로마서 7:6)라고 말하지 않는가.

율법의 체계에 맞춰 살려는 노력은 아무리 그 의도가 신실할지라도 잘못된 것이다. 우리는 성부 하나님께 받아들여지기 위해 무언가를 할 필요가 없다. 성부 하나님은 예수님을 받으시니 예수님 안에 있는 우리도 예수 그리스도와 같이 성부 하나님께 받아들여진다(에베소서 1:6).

우리가 율법에서 해방되었다고 가르치는 나같은 사람을 도덕률 폐기론자Antinomian라고 비판하는 사람들이 있다. 이것은 '율법에 반대하는 사람'이라는 뜻이다. 그러나 그렇게 부르는 그들이야말로 율법에 반대하는 자들이라고 반박하고 싶다. 그들은 구약 시대에 율법이 주어질 수밖에 없던 목적을 인정하지 않고 오늘날 그 율법을 삶의 도덕적 규율로 만들고자 하기 때문이다. 율법에 따라 살려고 노력하는 것은 저주와 같다. 그 누구도 지킬 수 없는 것을 지켜야 하기 때문이다! 성경은 분명히 말한다. "그리스도께서 …… 율법의 저주에서 우리를 속량하셨으니"(갈라디아서 3:13).

오늘날 종교적 규범, 즉 율법에 따라 살려는 노력은 자신을 저주 아래 두는 행위다. 성경도 "무릇 율법 행위에 속한 자들은 저주 아래에 있나니."(갈라디아서 3:10)라고 말하고 있다. 따라서 예수님이 율법을 지킬 힘을 주신다는 거짓말은 예수님이 우리를 저주 아래 두시기 위해 오셨다는 말과 같다.

바울은 로마 교회에 다음과 같이 말한다. "그러므로 내 형제들아 너희도 그리스도의 몸으로 말미암아 율법에 대하여 죽임을 당하였으니 이는 다른 이 곧 죽은 자 가운데서 살아나신 이에게 가서 우리가 하나님을 위하여 열매를 맺게 하려 함이라"(로마서 7:4). 종교적 규범은 절대 열매를 맺을 수 없다. 종교적 껍데기만 낳을 뿐이다. 오직 우리 안에 거하시는 그리스도와의 연합으로 사는 삶만이 하나님을 높이는 진정한 영적 열매를 맺는다.

여태껏 하나님과의 관계를 바로 하기 위해 올바르게 행동하는 데 초점을 맞춰야 한다는 가르침을 받아왔다면, 더 이상 종교적 규범에 따라 살지 않아도 된다는 말이 처음에는 좀 무섭게 느껴질 것이다. 그러나 이 말은 결코 선한 말과 행동이 중요하지 않다는 뜻은 아니다. 나는 단지 종교적 규범을 지키려는 노력으로는 하나님께 영광을 돌릴 수 없다는 점을 강조하고 싶을 뿐이다.

성경 역시 종교적 규범이 우리 안에 있는 죄의 욕구를 일으킨다고 말한다. 로마서 7장 5절에 보면 죄의 정욕이 "율법으로" 말미암는다고 하지 않는가. 율법은 죄를 일으킨다고 성경이 말하는데, 우리가 율법에 초점을 맞추도록 예수님이 힘을 주신다는 말이 맞다고 생각하는가?

우리는 하나님이 우리의 삶에서 요구하신다고 착각하는 삶의 규칙이 아닌, 그리스도 자체에 초점을 맞춰야 한다. 예수님은 우리 삶의 근원이 되시니 우리는 우리 안에 있는 그의 생명으로 하나님께 영광 돌리는 생활을 할 수 있다.

만약 그리스도가 하나님의 율법을 지킬 힘을 준다고 생각했다면 그동안 우리의 삶에 부정적인 영향을 미치는 거짓말을 믿어 온 것이다. 삶에서 중요한 것은 규칙을 지키는 것이 아닌, 그의 사랑 안에 살고 그 사랑이 다른 이들에게 흘러넘치도록 하는 것이기 때문이다. 율법은 계속해서 우리 눈을 하나님이 아닌 우리 자신에 향하게 하고, 자꾸만 죄를 짓는 우리를 정죄하게 한다. 하지만 하나님의 은혜는 우리가 그리스도를 바라보게 하고 그의 생명을 표현할 힘을 받아 모든 사람을 사랑하게 한다. 당신은 어느 쪽을 택하겠는가?

질문 34
우리가 다른 사람을 용서하지 않으면 하나님도 우리를 용서하지 않는다?

"우리가 누군가를 용서하지 않으면 하나님도 우리를 용서하지 않는다."는 말은 오늘날 우리가 듣는 무서운 거짓말 중 하나다. 왜일까? 잘 생각해 보라. 누군가를 용서해야 하는데 아직 그 사람을 용서할 마음의 준비가 안 되었을 수도 있다. 그런데 우리가 다른 사람을 용서하지 않으면 하나님도 우리를 용서하지 않는다는 말이 사실이라면 혹시 누군가를 용서하지 못한 상태로 갑자기 죽게 되었을 때 우리는 하나님께 용서받을 기회를 영영 잃었다는 뜻이 된다. 그런데 누군가에게 나쁜 일을 당한 직후에 그 사람을 완전히 용서할 마음을 품는 사람이 세상에 몇이나 되겠는가? 그런 순간에 죽음을 맞는다면 어떻겠는가? 정말 난감하지 않겠는가? 이제까지 잘 믿어왔다고 해도 한순간에 모든 것이 수포로 돌아가는 것이다.

용서받기 위해서는 용서해야 한다는 가르침을 받는 그리스도인들은 불안할 수밖에 없다. 특히나 이 가르침은 예수님께서 제자들에게 어떻게 기도해야 하는지 가르치신 후, 직접 하신 말씀이 아니던가. "너희가 사람의 잘못을 용서하면 너희 하늘 아버지께서도 너희 잘못을 용서하시려니와 너희가 사람의 잘못을 용서하지 아니하면 너희 아버지께서도 너희 잘못을 용서하지 아니하시리라" (마태복음 6:14-15).

이 말씀을 우리 삶에 적용한다고 상상만 해도 두렵다는 생각이 든다. 액면 그대로 예수님의 말을 받아들여서 우리의 실제 삶에 적용한다면 더 이상 논의할 필요도 없어 보인다. 우리가 다른 사람을 용서하는 것이 우리가 용서받는 것의 전제 조건이라는데, 어떤 다른 결론이 있다는 말인가? 그러나 성경을 읽고 이해할 때는 꼭 고려해야 하는 중요한 요소가 있다. 바로 맥락context이다. 성경을 올바로 해석하려면 그 구절을 성경의 다른 부분과 떼어서 단독으로 생각하지 말고 그 말씀이 어떤 맥락에서 나왔는지를 살펴야 한다. 또한 성경의 더 큰 맥락에서, 어떤 언약하에 말씀이 기록되었는지도 고려하여 해석해야 한다.

질문있어요

예수님은 분명히 용서에 대해 우리가 다른 사람을 용서하지 않으면 하나님도 우리를 용서하지 않는다고 말씀하셨다. 그러나 여기서 중요한 것은 예수님이 언제, 누구에게 이 말씀을 하셨느냐이다. 이는 성경을 해석할 때 맥락과 더불어 반드시 고려해야 할 부분이다. 예수님이 말한 모든 것이 우리에게 액면 그대로 적용되지는 않는다. 십자가에서 모든 것이 변했기 때문이다. 그러므로 성경을 읽을 때는 성경 전체가 우리를 위해 기록되었지만 모든 것이 우리에게 직접적으로 적용되지는 않는다는 점을 염두에 두어야 한다.

예를 들어 구약 성경이 말하는 번제를 오늘날에도 적용하는가? 구약은 같은 밭에 씨앗 두 종류를 함께 심지 말라고 말한다. 그렇다면 오늘날의 농부들도 그렇게 해야 하는가? 구약의 규범 중에는 반항하는 자식은 도시 외곽으로 데려가서 돌로 쳐 죽여야 한다고 말한다. 그렇다면 사춘기의 우리 아이들은 어쩐단 말인가? 이 외에도 성경의 가르침 중에는 문자 그대로 우리 삶이나 하나님과의 관계에 적용되지 않는 말씀들이 있다.

그렇다면 어떤 성경 말씀이 우리에게 적용되는지를 어떻게 구별할 수 있을까? 구약이 언제 끝나고 신약이 언제 시작되었는지를 알면 그 답을 알 수 있다. 신약의 시작이 언제인지에 대해서는 히브리서에 그 답이 있다. "유언은 유언한 자가 죽어야 되나니 유언은 그 사람이 죽은 후에야 유효한즉 유언한 자가 살아 있는 동안에는 효력이 없느니라"(히브리서 9:16-17).

신약은 마태복음 첫 장부터 시작된 것이 아니라 예수님의 죽음과 함께 시작되었다. 이는 매우 중요한 사실이다. 즉 신약 성경은 마태복음 1장 1절부터 시작되지만 신약 자체는 예수님이 십자가에서 피 흘리실 때에야 비로소 시작되었다. 그래서 신약 성경에 등장하는 세례 요한도 실제로는 구약 시대의 마지막 선지자다.

예수님은 십자가에서 죽으심으로써 신약 시대를 여셨다. 새 언약이 발효될 때 하나님과 인간이 관계를 맺을 수 있는 근거였던 옛 언약은 쇠했고 그리스도는 하나님이 주신 율법의 언약을 끝내고 은혜로 신약의 길을 열었다!

예수님은 죽으시기 전날 밤 잔을 받으시고 제자들에게 떡을 떼어 주시며 말씀하셨다. "이 잔은 내 피로 세우는 새 언약이니 곧 너희를 위하여 붓는 것이라"(누가복음 22:20). 구약 시대의 언약은 동물의 피로 제사를 드릴 때 효력이 있었지만 예수님이 말씀하신 '이 잔'은 율법의 언약이 지나가고 새로운 언약이 오는 것을 의미했다.

질문있어요

예수님의 죽음은 신약 시대를 열 뿐 아니라 동시에 율법(구약)을 끝낸 사건이었다. 그래서 성경은 "새 언약이라 말씀하셨으매 첫 것은 낡아지게 하신 것이니 낡아지고 쇠하는 것은 없어져 가는 것이니라."(히브리서 8:13)라고 말한다. 십자가에서 예수님이 죽으시기 전까지 구약은 여전히 유효했지만 예수님이 십자가에 못 박히신 이후로는 신약이 유효해졌다.

바로 이 구약과 신약의 경계선을 알 때 성경을 올바로 나누고 이해할 수 있다. 예수님은 신약 시대가 아닌 구약 시대에 사셨다. 즉 예수님이 말씀하셨을 당시에는 율법이 의도하는 바에 따라, 율법을 사용하여 말씀하셨다. 다시 말해 율법을 통해 청중에게 그들의 영적 부족함을 일깨워 주고자 했다. 그렇다 보니 신약 시대를 살고 있는 우리가 삶 속에 예수님의 말씀을 전부 적용하려고 하면 심한 좌절감을 느낄 수밖에 없다. 예수님의 말씀에는 당시 유대인들에게 영적인 부족함을 일깨워 주려는 의도가 담겨 있었기 때문이다.

복음서에 기록된 예수님의 말씀을 읽을 때는 늘 예수님이 구약 시대에 사셨다는 점을 염두에 두어야 한다. 예수님이 사람들에게 "용서받으려면 용서하라."고 가르치신 것은 사람들에게 구원자가 필요하다는 사실을 일깨워 주고자 율법의 요구를 확대하셨던 것이다. 그러나 예수님이 십자가에서 죽고 다시 부활하면서 이 모든 것이 변했다.

십자가 사건 이후에 기록된 신약 성경을 읽어 보면 용서에 관해 완전히 다른 내용이 제시된다. 우리는 더 이상 용서받기 위해 다른 사람을 용서하지 않는다. 이미 예수님의 십자가로 완전히 용서받았기 때문이다! 이것이 바로 신약이다. 바울 역시 이렇게 말한다. "우리는 그리스도 안에서 그의 은혜의 풍성함을 따라 그의 피로 말미암아 속량 곧 죄 사함을 받았느니라"(에베소서 1:7). 이 구절에는 우리가 용서받기 위해 해야 할 일이 전혀 나와 있지 않다. 이미 우리는 죄 사함을 받았기 때문이다.

바울은 골로새서에서도 신약 성도들에게 에베소서와 같은 내용을 분명히 전한다. "또 범죄와 육체의 무할례로 죽었던 너희를 하나님이 그와 함께 살리시고 우리의 모든 죄를 사하시고"(골로새서 2:13). 우리는 이 말씀에서 죄 사함이 과거형으로 나오고, 죄 사함을 받기 위한 전제로 남을 용서해야 한다는 말이 없다는 점에 주목해야 한다.

십자가 사건 이후, 우리는 용서받기 위해 용서하는 것이 아니고 신약 성경은 말한다. 그리고 바울은 에베소 교인들에게 다음과 같이 권면한다. "서로 친절하게 하며 불쌍히 여기며 서로 용서하기를 하나님이 그리스도 안에서 너희를 용서하심과 같이 하라"(에베소서 4:32). 성도들이 서로 용서할 수 있는 이유가 무엇인가? 이미 그리스도가 우리를, 또한 그들을 용서하셨기 때문이다.

골로새서 3장 12-13절에서는 용서에 관한 신약의 또 다른 접근법을 볼 수 있다. "그러므로 너희는 하나님이 택하사 거룩하고 사랑 받는 자처럼 긍휼과 자비와 겸손과 온유와 오래 참음을 옷 입고 누가 누구에게 불만이 있거든 서로 용납하여 피차 용서하되 주께서 너희를 용서하신 것 같이 너희도 그리하고." 바울은 성도들에게 '주께서 우리를 용서하도록'이 아닌, "주께서 용서하신 것 같이" 용서하라고 말한다.

그 차이점을 이해하겠는가? 십자가 사건 이전에 성경은 용서받기 위해 용서하라고 말하지만, 십자가 사건 후에는 우리가 용서받았기 때문에 용서하라고 가르친다. 우리에게 용서받음의 은혜가 임한 것은 구약이 쇠하고 신약의 시대가 열렸기 때문이다.

다른 사람을 용서하지 않으면 하나님이 우리를 용서하지 않을 것이라는 생각은 예수님이 하신 말씀에서 비롯된 것이지만 구약의 가르침이다. 즉 율법을 끝낸 십자가 사건 이전의 말씀이다. 우리는 그 당시 예수님이 왜 그 말씀을 하셨는지, 누구에게 그 말씀을 하셨는지를 잘 기억해야 한다. 이제 상황은 바뀌었기 때문이다. 예수님은 죽으심과 장사되심, 부활하심으로 역사를 이루셨고 이제 그의 이름 안에서 신약의 좋은 소식이 전파된다.

오늘날 다른 사람을 용서하지 않으면 용서받을 수 없다는 말은 거짓이다. 신약 시대를 사는 우리에게 적용되지 않는 말이기 때문이다. 우리는 이미 용서받았기 때문에 용서해야 한다. 이것이 진실이다. 우리가 받은 완전한 용서를 이해할 때 다른 사람에게 용서를 베풀 수 있다.

> **질문 35**
>
> 다른 사람의 기분을
> 상하게 하지 말아야 한다?

　　　　　　　　　성경을 읽을 때 편견에 사로잡혀 실제로 성경이 가르치는 바와 다른 결론을 내릴 때가 있다. 기독교인이라면 다른 사람의 기분을 상하게 하지 말아야 한다는 이 거짓말도 그중 하나다. 다른 사람의 기분을 상하게 하는 행동을 하지 말아야 한다는 말은 우리의 이미지를 걱정해 주는 친절하고 사려 깊은 말처럼 들린다.

　하지만 자비롭게 들리는 이 말은 항상 다른 사람의 생각에 우리의 행동이 통제되어야 한다는 뜻을 내포하고 있기 때문에 신약의 가르침과 전혀 맞지 않는다. 예수님은 다른 사람의 기분이 상할까 봐 염려하며 행동을 조심하거나 상대방의 기분에 따라 말씀을 가리는 일을 하지 않으셨다. 오히려 예수님은 사람들, 특히 독선적인 사람들의 기분을 상하게 하셨다. 그러니 누군가의 기분을 상하지 않게 하는 것이 하나님의 기대에 부응하는 징표가 된다면 예수님도 실격일 것이다.

바울도 유대인들에게 그렇게 하지 않았다. 베드로가 율법사들에게 맞춰 행동을 바꾸려고 하자 바울은 사람이 의롭게 되는 것은 율법의 행위로 말미암는 것이 아니라 그리스도를 믿음으로써 의롭다 함을 얻는 것이라며 그를 꾸짖기까지 했다(갈라디아서 2:11–21).

많은 그리스도인이 로마서 14장을 인용하여 우리의 말과 행동이 다른 형제에게 걸림돌이 되어서는 안 된다고 말한다. 그리고 잠재적으로라도 누군가의 마음을 상하게 할 수 있는 행동이라면 하지 말아야 한다고 주장한다.

그렇다면 형제 앞에 '걸림돌'이 되어서는 안 된다는 말을 어떻게 이해해야 할까? 사실 이 말은 로마서 14장을 잘못 해석한 것으로 많은 성도를 올무에 얽매이게 한다.

잘 생각해 보라. 만일 성경이 정말로 누군가가 반대하는 일을 하지 말아야 한다고 말하고 있다면 우리는 평생 거기에 얽매여 살아야 한다. 그 무엇도 우리를 자유롭게 할 수가 없다! 세상에는 많은 사람이 있고 그들이 기대하는 바도 각기 다르다. 이런 세상에서 우리의 말과 행동 하나하나가 사람들의 생각에 어떤 영향을 미치는지 걱정하며 살아간다면 우리는 사람들이 가진 다양하고도 복잡한 의견에 노예가 되어 버린다. 다른 사람의 기분을 상하게 하면 안 된다는 생각에는 분명 문제가 있다.

사실 이렇게 믿는 데에는 다음 성경 구절도 영향을 미쳤다. "그런즉 우리가 다시는 서로 비판하지 말고 도리어 부딪칠 것이나 거칠 것을 형제 앞에 두지 아니하도록 주의하라 …… 고기도 먹지 아니하고 포도주도 마시지 아니하고 무엇이든지 네 형제로 거리끼게 하는 일을 아니함이 아름다우니라"(로마서 14:13, 21).

흔히 그렇듯이 따로 떼어서 인용된 이 구절은 이 장에서 지적하는 사실을 반박하는 근거로 충분해 보인다. 그러나 로마서 14장 전체를 보면 바울이 가르치려는 바가 다른 사람의 기분을 상하게 하지 말라는 것이 아님을 알 수 있다. 여기서는 14장 전부를 인용하기에는 무리가 있으므로 바울이 말하고자 하는 논점만 간략하게 언급하겠다.

바울은 로마서 14장까지 성경의 어떤 곳에서보다 더 기독교 교리를 길고 체계적으로 전한다. 첫 장에서부터 이어지는 그의 가르침의 기저에는 유대인과 이방인 모두에게 전하는 일관된 메시지가 있었다. 바로 교회의 연합, 특히 이방인과 유대인 사이의 연합이 더 잘 이루어지게 하는 것이었다. 하지만 이 연합은 결코 쉬운 일이 아니었다.

왜 유대인과 이방인은 분열될 수밖에 없었을까?

첫째, 유대인은 먹을 수 있는 것과 없는 것을 엄격히 구별하는 음식 규정이 있다. 돼지, 갑각류, 메기류 고기를 먹어서는 안 되었고 먹을 수 있는 음식도 특정한 방식으로 준비해야 했다.

둘째, 금요일 해 질 녘부터 토요일 해 질 녘까지는 안식일이라 유대인들의 활동이 엄격히 규제되었는데 안식일에는 어떤 일도 할 수 없었다.

셋째, 유대인 신자들은 어려서부터 이방인은 '부정한 개'이며 그들과 어울리면 더러워진다고 배우며 자랐다.

반면 이방인 신자들은 이러한 규범을 배우지도, 지키지도 않고 자랐다. 그렇다 보니 유대인들은 이방인 신자들의 '뭐든지 된다.'는 식의 생활 방식을 볼 때 불쾌하고 꺼림칙한 느낌을 가질 수밖에 없었다. 유대인들은 그리스도인이 되고 나서 그들이 수십 년 동안 훈련한 규범과 이방인의 행위 사이에 나타나는 차이로 인해 좋지 않은 감정이 생겼고, 그것은 쉽게 없어지지 않았다.

이러한 상황에서 바울은 이 두 그룹을 연합해야 할 과제를 안고 있었다. 그는 일단 서로 식사를 함께하는 등 작은 부분에서부터 교제하기를 원했다. 그러려면 어떻게 해야 할까? 바울은 로마서 14장과 15장에 그 해결 방안을 담았다. 앞서 말한, 따로 떼어서 문제가 되었던 14장의 앞부분에서 바울은 다음 세 가지를 주장한다.

1. '믿음이 연약한' 자를 판단하지 말라(14:1). 이 구절은 음식과 안식일에 관한 옛 규율을 지키는 유대인 신자들을 조롱하는 이방인 신자들을 향한 가르침이다.
2. 안식일을 지키고 안 지키고는 각자 하나님 앞에서 자기 마음으로 확정할 책임이 있다(14:5). 이 부분은 세 번째 항목과 관련해 매우 중요하다.
3. 다른 사람의 행동이 아닌, 자신의 행동에 대해서만 대답해야 한다(14:10). 그러므로 우리와 다른 의견과 행동 양식을 가진 사람들을 판단하지 말아야 한다.

이것이 '믿음이 더 강한 형제들', 즉 이 맥락에서는 이방인 신자들이 잘못 생각할 수 있는 부분이었다. 아마도 그들은 율법이 이미 폐했다는 사실을 근거로 유대인 신자에게 먹지 말아야 할 음식을 먹으라고 강요했을 것이다. 그렇다 보니 이방인 신자들은 당연히 유대인 신자들에게 '걸림돌'이 될 수밖에 없었다. 그래서 바울은 이에 대해 이렇게 말한다. "의심하고 먹는 자는 정죄되었나니 이는 믿음을 따라 하지 아니하였기 때문이라 믿음을 따라 하지 아니하는 것은 다 죄니라"(로마서 14:23). 즉 우리 행동이 믿음으로 말미암은 것이 아니라면 그것이 어떤 행동이든 잘못된 관점을 따른 것에 불과하다는 것이다.

따라서 정확히 말해서 '걸림돌' 원칙은 누가 '옳거나' 혹은 규칙의 '옳은' 해석에 관한 것이 아닌, 형제 사랑의 문제다. 다른 사람의 양심을 배려하기 위해 자신의 자유를 조금 제한할 수 있을 정도로 형제를 사랑해야 한다는 것이다. "만일 음식으로 말미암아 네 형제가 근심하게 되면 이는 네가 사랑으로 행하지 아니함이라 그리스도께서 대신하여 죽으신 형제를 네 음식으로 망하게 하지 말라"(로마서 14:15).

우리가 진정으로 그리스도 안에서 자유를 이해하고 사랑으로 행동한다면 "믿음이 강한 우리는 마땅히 믿음이 약한 자의 약점을 담당하고 자기를 기쁘게 하지 아니할 것이라."(로마서 15:1)고 말하는 바울의 가르침에 고개가 절로 끄덕여질 것이다.

로마서 15장에 나오는 바울의 가르침을 따르면 상대적으로 중요하지 않은 여러 가지 문제에서 의견이 대립하여도 성도의 연합을 유지할 수 있다. 그래서 바울은 이렇게 결론을 맺는다. "그러므로 그리스도께서 우리를 받아 하나님께 영광을 돌리심과 같이 너희도 서로 받으라"(로마서 15:7).

성경은 우리에게 사랑을 토대로 서로 사귀고 권면하라고 가르친다. 그러므로 그리스도 안에서 누릴 수 있는 자유를 잘 이해하지 못하는 믿음이 약한 형제가 있다면 믿음이 강한 형제는 자신의 자유를 적절히 제한해 그 사람을 배려하며 행동해야 한다. 그 사람의 마음을 상하지 않게 하기 위해서가 아니라, 형제에 대한 사랑 때문에 자발적으로 자신을 제한하는 것이다. 이는 은혜 안에서 강하지 않은 사람, 즉 더 약한 형제에 대한 사랑의 행위이자 은혜의 행위다. 그러나 이러한 행위는 자발적으로 이루어져야 하는 것이지 말씀을 가르치는 자들이 성경이 명시한 자유를 제한하라고 강요할 수는 없다.

우리가 교회에서 이야기하는 주제는 정말 다양하다. 예를 들어 옷 입는 것, 가는 곳, 해야 하는 행동까지도 말이다. 또 술을 먹어도 되는가, 가지 말아야 할 곳은 어디인가, 허용되는 오락의 형태는 무엇인가 등에 대해서도 이야기한다. 어떤 사람들은 쇼핑을 하는 장소까지 논쟁거리로 삼는다.

지난번에 어떤 성도와 이야기를 나누다가 신앙인들은 월마트에서 쇼핑을 하면 안 된다는 말을 들었다. 월마트의 노동 관행이 잘못되었다는 것이 그 이유였다. 물론 그것은 그 사람이 확정한 신앙이므로 나쁜 것은 아니다. 하지만 그 사람의 기분을 상하게 하는 것이 두려워서 나도 월마트에 가지 말아야 하는가?

결론적으로 우리가 누군가의 기분을 상하게 하는 행동을 하지 말아야 한다는 말은 거짓이다. 예수님은 모든 사람을 사랑으로 대하셨지만 때로 그의 말과 행동은 종교인들의 기분을 상하게 했다. 안식일에 병자를 고치는 행동도, 그들의 마음에 찔림을 주는 말도 종교인들에게는 '걸림돌'이 되었다. 이 사실을 기억하며 우리도 마음에서 우러나온 사랑으로 사람들과 관계를 맺되 다른 사람들의 의견에 휘둘리지 말아야 한다. 그래야만 그리스도 안에서 자유로운 생활을 할 수 있다.

믿음이 연약한 형제들을 위해서, 또 연합을 위해서 우리의 자유를 기꺼이 제한하자. 그러나 꼭 지켜야 한다면서 우리의 자유를 제한하는 규칙을 정하려고 하는 율법주의적인 바리새인에게는 조금도 타협하지 말자.

질문 36

하나님이 일을 성취하시는 데 우리의 도움이 필요하다?

"하나님이 일을 성취하시는 데 우리의 도움이 필요합니다." 이 말은 내가 지방의 한 교회에서 목회자로 있을 당시 교인들에게 수년간 가르쳤던 거짓말 중 하나다. 그 당시 나는 이런 말들을 했다. "여러분은 주님이 필요로 하는 유일한 일꾼입니다." 나는 그런 말로 성도들에게 동기를 부여하여 당시 내가 성경의 가르침이라고 생각했던 일들을 그들이 적극적으로 행하기를 원했다. 그래서 그들에게 이런 식으로 가르쳤다. "여러분은 하나님이 사용하시는 유일한 입술입니다. 하나님은 그의 증인으로 여러분을 필요로 하십니다. 여러분이 전도하지 않으면 누가 하겠습니까?" "여러분은 하나님이 사용하시는 유일한 발입니다. 여러분이 가지 않으면 누가 가겠습니까?"

언뜻 보면 맞는 말 같다. 주님은 하늘에 계시고 교회는 이 땅에 있는 그의 몸이므로 그리스도의 일을 그리스도의 몸이 해야 한다는 논리이니 말이다. 우리가 복음을 전하지 않으면 누가 하겠는가? 우리가 예수님의 이름으로 가난한 자를 돕지 않으면 누가 하겠는가? 우리가 선교와 사역, 교회 봉사에 힘쓰지 않으면 누가 그 일을 감당하겠는가? 이는 모두 우리가 짊어지고 가야 할 책무다. 분명 이렇게 보았을 때는 모두 옳은 말인 것 같다. 하지만 실상은 그렇지 않다.

성경은 하나님께 우리의 도움이 필요하지 않다고 분명히 말한다. 예수님도 우리의 도움이 필요하지 않다고 말한 바 있으시다. 누가복음 19장에 이런 장면이 나온다. 예수님이 예루살렘에 입성하실 때 제자들이 무리 지어 나아와 큰 소리로 예수님을 찬양하자 바리새인들이 반발하며 제자들을 책망하라고 말했다. 그러자 예수님이 말씀하셨다. "내가 너희에게 말하노니 만일 이 사람들이 침묵하면 돌들이 소리 지르리라 하시니라"(누가복음 19:40). 사실 하나님은 우리의 찬양조차 필요 없으시다. 만일 하나님이 택하시면 돌들이 그 역할을 대신하여 하나님을 찬양할 것이다. 모든 것이 하나님의 것이니 그분은 인간에게 의존하지 않으시고도 자신이

질문있어요

원하는 일을 성취하실 수 있다.

물론 이 땅에서 그리스도의 목적을 추구하는 일에 동참하라고 외치는 것은 칭찬받아 마땅한 일이다. 이 세상에서 하나님의 일에 참예하는 것은 우리에게 주신 하나님의 선물이기 때문이다. 그러나 하나님을 우리 도움을 필요로 하는 분으로 보는 것은 도를 넘어선 것이다. 하나님을 위해 무언가를 해 보겠다는 영웅적 성향을 가진 사람들에게는 귀가 솔깃한 이야기겠지만, 우리가 사역할 수 있는 기회를 하나님의 선물로 여기지 않고 내 힘으로 하나님을 도와드린다는 마음으로 접근한다면 매우 위험하다.

부끄럽지만 나도 율법주의적인 성향을 가진 목사였을 때는 설교 중에 그런 말을 많이 했다. 수많은 예가 있지만 그중 내가 전도에 관해 말했던 내용을 잠시 언급하겠다. 성도들이 전도에 열정을 갖게 하려고 항상 유용하게 사용했던 성경 구절이 있다.

주님이 에스겔 선지자에게 다가올 심판에 대해 언급하시며 이스라엘에 전파하라고 명하신 구절이다. "가령 내가 악인에게 말하기를 너는 꼭 죽으리라 할 때에 네가 깨우치지 아니하거나 말로 악인에게 일러서 그의 악한 길을 떠나 생명을 구원하게 하지 아니하면 그 악인은 그의 죄악 중에서 죽으려니와 내가 그의 피 값을 네 손에서 찾을 것이고"(에스겔 3:18).

나는 거기에 담긴 특별한 역사적 배경은 무시한 채 현대의 성도들에게 나의 잘못된 해석을 들이댔다. "믿지 않는 가족과 이웃에게 복음을 전파하지 않으면 그들은 지옥에 갈 것입니다. 그리고 그 피 값은 여러분의 손에 돌아가게 됩니다!" 설교를 마칠 때쯤이면 성도의 절반은 충격과 눈물에 휩싸여서 복음을 전파해 세상을 변화시키겠다는 굳센 결의를 다지고는 했다.

물론 선한 동기를 가지고 복음을 전파하라고 도전을 주는 것은 나쁘지 않다. 그러나 하나님이 복음을 전파하는 데 우리의 도움이 필요하다는 생각으로 그러한 발언을 한다면 이는 큰 잘못이다. 하나님에게 우리의 도움이 필요한 것이 아니라 우리에게 복음을 전파하도록 허락하신 것이기 때문이다. 실상 우리가 복음의 진리를 깨달으면 하나님이 말려도 복음을 전하는 데 열과 성을 다하지 않는가? 이는 하나님이 우리를 필요로 한다는 개념과는 꽤 다르다는 것을 이해할 수 있을 것이다.

만일 우리가 하나님의 일을 하기 꺼린다면 어떨까? 하나님이 곤란해 하실까? 만일 하나님이 정말 우리 도움이 필요한 분이라면 곤란해 하실 것이다. 민수기 22장에는 이런 이야기가 있다. 이교도 왕인 발락은 발람이라는 부패한 선지자를 불러 이스라엘을 저주하게 했다. 그러나 하나님께는 다른 계획이 있었다. 발람이 이스라엘을 저주하기 위해 길을 가던 중 그가 타고 있던 나귀가 갑자기 가지 않으려고 발버둥을 쳤다. 그러다가 끝내 나귀는 그의 아래 엎드려 버렸고 발람은 화가 나서 채찍으로 나귀를 때렸다.

그 순간 나귀가 사람의 말을 하는 사건이 벌어졌다. "여호와께서 나귀 입을 여시니 발람에게 이르되 내가 당신에게 무엇을 하였기에 나를 이같이 세 번을 때리느냐"(민수기 22:28).

이에 발람의 눈이 밝아져서 그 앞에 여호와의 천사가 칼을 빼들고 서 있는 것을 보았다. 그는 나귀가 자기의 생명을 구한 것을 알았다. 이처럼 하나님은 하고자 하시면 나귀까지도 사용하실 수 있는 분이시다!

이제 알겠는가? 하나님께는 우리의 도움이 필요하지 않다. 그에게는 인간이 가진 모든 군대의 지혜와 능력을 뛰어넘는 천사가 수없이 많다. 또한 그는 모든 만물의 주관자이므로 만물이 그의 뜻에 온전히 복종한다. 그가 창조한 모든 것이 그로 인해 존재하고 그를 위해 사용된다. 그런 하나님이 왜 인간에게 의존하겠는가? 하나님이 원하신다면 돌과 나귀라도 인간이 하는 일을 할 텐데 말이다.

사도행전 17장 25절에서 바울은 하나님에 대해 "또 무엇이 부족한 것처럼 사람의 손으로 섬김을 받으시는 것이 아니니."라고 말한다. 그렇다. 하나님께 우리의 도움은 필요하지 않다. 이는 종교적 활동을 부추기려고 설파한 율법주의적인 거짓말일 뿐이다.

우리가 하나님과 교회와 성도들을 섬길 수 있는 것은 하나님이 우리를 원하시기 때문이다. 하나님께 우리가 필요하다는 말보다 더 멋지지 않은가? 하나님은 우리를 종이나 노예로 원하시는 것이 아니라 신부로서 원하시며 우리에게 자신의 사랑을 넘치게 부어 주시기를 원하신다. 하나님이 우리를 원하심을 알 때 우리는 그가 도움을 필요로 하시는데 기대에 부응하지 못했다는 죄책감을 떨쳐 버릴 수 있다. 그리고 율법적인 동기가 아닌, 건강한 동기로 섬기고 사랑할 수 있다.

질문 37

가만히 있어서 녹스는 것보다
불타서 소진되는 편이 낫다?

　　　　　　　　　　　　　　교단마다 봉사를 강조하
는 정도는 다르지만 보통 교회에서는 '봉사'를 열심히 해야 한다
는 말을 많이 한다. 어떨 때는 교회에서 전하는 설교의 목적이 성
도들을 더 많이, 더 잘 봉사하게 하는 것인 듯 느껴지기도 한다. 실
제로 대다수 교회에서 전통적으로 행해 오는 많은 봉사는 마치 성
도들을 한껏 선동하여 하나님을 위해 세계를 뒤집으라고 외치는
궐기 대회와 같다는 인상도 받는다.

　이런 맥락에서 "가만히 있어서 녹스는 것보다 불타서 소진되는
편이 낫다."는 말이 자주 나온다. 나 자신도 강단에서 이 말을 자
주 했다. 그러면 사람들은 그 말에 동의한다는 듯이 고개를 끄덕

였다. 이 말에 반대할 이유가 어디 있겠는가? 처음 들었을 때부터 뭔가 고상한 말처럼 들리지 않는가? 게다가 자신을 불태워 그리스도께 드린다고 하니 일견 바람직하게 보인다.

 나 역시 한때 내 삶을 불태워 지칠 때까지 예수 그리스도를 섬기겠노라고 생각한 적이 있다. 상당히 멋있어 보이는 말이었다. 그래서 내가 그런 수준의 헌신을 촉구하면 성도들 역시 자신들도 그렇게 하겠다고 다짐하고는 했다.

 그러나 가만히 녹슬어 버리는 것보다 불타서 소진되는 것이 낫다는 말은 거짓말이다. 왜 그럴까? 하나님은 우리가 계속 타오르기를 원하시기 때문이다! 우리가 녹슬어 없어지는 것보다 불타서 소진되는 것이 낫다는 이분법적 생각을 하는 것은 둘 중 하나를 택해야 한다는 그릇된 관념에서 비롯된다. 이는 보통 천성적으로 의욕이 넘치는 사람들이 쉽게 속아 넘어갈 수 있는 거짓말이다. 그들은 모 아니면 도라고 생각하기 때문이다. 마치 우리가 할 수 있는 것이 이 두 가지만 있는 것처럼 제시될 때 문제가 발생한다. 그리스도를 섬기며 불타 소진될 것인지, 아니면 아무것도 하지 않은 채 녹슬어 없어져 버릴 것인지 말이다. 도대체 누가 이 두 가지만이 유일한 선택이라고 했는가?

 우리의 삶은 하나님이 모세에게 나타나셨던 떨기나무에 비유할 수 있다. 사실 성부 하나님은 우리가 계속해서 타오르기를 원하신다. 그의 끊임없는 생명과 능력으로 계속 연료를 공급받고 매일 새로워지기를 바라신다.

물론 하나님의 일을 하다 보면 여러 가지 이유로 지칠 수도 있다. 어쨌거나 우리는 육신을 입고 있는 인간이기 때문이다. 정신적, 감정적, 육체적으로 피곤할 때가 찾아오는 것이다. 그러나 이는 불타 소진되는 것과는 다른 차원의 문제다. 피곤에 지쳐도 휴식을 취하거나 놀이를 하거나 잠을 자고 나면 다시 기운이 나기 때문이다.

이쯤에서 여러분이 이 책을 읽으며 얻은 깨달음과 지식을 적용해 보면 어떨까 한다. 우리는 이미 하나님께 사랑받고 인정받았기에 그를 위해 봉사한다. 결코 그의 사랑과 인정을 받기 위해서 봉사하는 것이 아니다. 그러나 가끔 신실한 사람들이 그의 사랑과 인정을 얻고자 봉사하는 것을 본다. 이들은 그리스도 안에서 이미 얻은 의로움을 알지 못하고 하나님을 위해 더 많은 일을 하려고 자신을 채찍질하면서 그에게 받아들여질 '가치가 있는' 사람이 되고자 노력한다. 그러나 이 모든 노력은 전부 무익하고 헛되다.

바울이 어떠한 동기로 자신의 일을 감당했는지 아는가? "그리스도의 사랑이 우리를 강권하시는도다 우리가 생각하건대 한 사람이 모든 사람을 대신하여 죽었은즉 모든 사람이 죽은 것이라 그가 모든 사람을 대신하여 죽으심은 살아 있는 자들로 하여금 다시는 그들 자신을 위하여 살지 않고 오직 그들을 대신하여 죽었다가 다시 살아나신 이를 위하여 살게 하려 함이라"(고린도후서 5:14-15).

그렇다. 바울은 마지못해 그리스도를 섬기지 않았다. 하나님께, 다른 사람에게, 혹은 자신에게 무언가를 증명하려고 노력하지도 않았다. 그는 오로지 마음속에 그리스도의 사랑이 흘러넘쳐 그 힘으로 봉사한 것이다.

바울이 하나님을 섬겼던 것은 사랑받기 위해서도, 천국에 가기 위해서도 아니었다. 그를 강권한 것은 바로 그리스도의 사랑이었다. 바울은 예수 그리스도의 사랑이 주는 변화의 힘을 알았고 그것을 직접 경험했던 것이다. 바울은 이렇게 말하고 있다. "그리스도의 사랑과 은혜가 너무 커서 나도 나를 주체할 수 없어요." 주목할 것은 그리스도를 향한 그의 사랑이 아닌, 그를 향한 그리스도의 사랑이 그를 강권했다는 점이다. 그리스도의 사랑이 강권하면 불타 소진되지 않고 더욱더 활활 타오르게 된다.

예수님을 위해 불타버리는 것이 잘못된 목표인 이유가 더 있다. 우리는 우리 안에 내주하시는 그리스도의 능력으로 봉사할 뿐 우

질문있어요

리 자신의 결단과 능력으로 그리스도를 섬기지 않기 때문이다. 즉 섬김의 수단이 잘못되었다는 말이다. 게다가 인간의 의지는 우리가 더욱 열심히 활동할 수 있도록 동기를 부여하는 촉매제가 되지 않는다. 하나님의 능력만이 우리 활동을 가능하게 하기 때문이다. 이에 대해 바울은 이렇게 말한다. "이를 위하여 나도 내 속에서 능력으로 역사하시는 이의 역사를 따라 힘을 다하여 수고하노라"(골로새서 1:29).

우리가 불타 소진되는 가장 큰 이유는 우리 자신의 헌신으로 하나님의 일을 하려고 노력했기 때문이다. 우리는 몇 번이나 새로운 마음으로 헌신할 수 있지만, 인간의 힘과 능력은 소진되기 마련이라 실제로 성공하기는 어렵다. 반면 살아 계신 그리스도의 힘과 능력은 결코 쇠하지 않는다.

그렇기에 우리 안에 내주하시는 그리스도의 힘과 능력으로 일한다면 불타 소진되지 않는다. 우리는 자신의 능력으로 거룩한 일을 할 수 있는 사람이 아니기 때문이다. 이미 하나님은 우리가 거룩한 일들을 할 수 있도록 모든 것을 다 예비하셨다. 그래서 바울 역시 에베소 교인들에게 이렇게 말한다. "우리는 그가 만드신 바라 그리스도 예수 안에서 선한 일을 위하여 지으심을 받은 자니 이 일은 하나님이 전에 예비하사 우리로 그 가운데서 행하게 하려

하심이니라"(에베소서 2:10).

　기억하라. 하나님은 우리의 도움을 필요로 하지 않으신다. 우리는 그저 일상 속에서 하나님이 우리를 위해 준비하신 봉사의 기회를 발견하기만 하면 된다. 이미 하나님이 마련해 두신 기회를 찾는 재미에 우리의 '일상'은 즐겁고 흥미진진해질 것이다. 오늘 나에게 즐겁게 봉사할 수 있는 뜻 깊은 기회가 찾아올지 누가 알겠는가? 이렇게 하나님의 뜻에 온전히 자신을 맡기며 사는 사람은 결코 불타 소진되지 않는다!

　하나님의 목적을 섬기며 살면 희망이 샘솟고, 기운이 나며, 만족을 느낀다. 그렇기에 하나님이 주신 일은 결코 의무감으로 해야 하는 달갑지 않은 일이 아니다. 예수님의 경험을 기억하는가? 고된 하루를 보내고 지치고, 피곤하고, 굶주렸던 때 예수님은 사마리아 여인과 진리에 대해 이야기했다. 제자들이 와서 예수님이 다시 힘에 넘쳐 깨어 있는 것을 보고 의아해 했을 때 예수님은 이렇게 말씀하셨다. "내게는 너희가 알지 못하는 먹을 양식이 있느니라"(요한복음 4:32).

　우리도 이런 경험을 할 수 있다. 물론 육체적으로 피곤할 수는 있겠지만, 그래도 하나님께 쓰임받고 그의 능력으로 봉사할 때 솟아나는 힘이 우리를 다시 일으킨다. 예수님은 우리가 그의 '가벼

질문있어요

운' 멍에와 짐을 지기 원하시지 종교의 무거운 짐을 끌어안기를 바라시지 않는다.

"녹슬어 없어지는 것보다 불타 소진되는 편이 낫다."는 말은 거짓이다. 만일 불타버린다면 녹슬어버리는 것만큼이나 좋지 못하다. 결국은 둘 다 없어지는 것이 아닌가! 녹슨다는 말이 게으르고 무기력하며 아무 일도 하지 않는다는 뜻이라면 그것은 결코 하나님이 원하시는 모습이 아니다. 또한 그와 정반대로 불타 소진되는 것도 하나님이 원하시는 바는 아니다. 사도 바울이 말하듯 하나님은 우리가 계속 타오르기를 원하시기 때문이다. "그러므로 우리가 낙심하지 아니하노니 우리의 겉사람은 낡아지나 우리의 속사람은 날로 새로워지도다"(고린도후서 4:16).

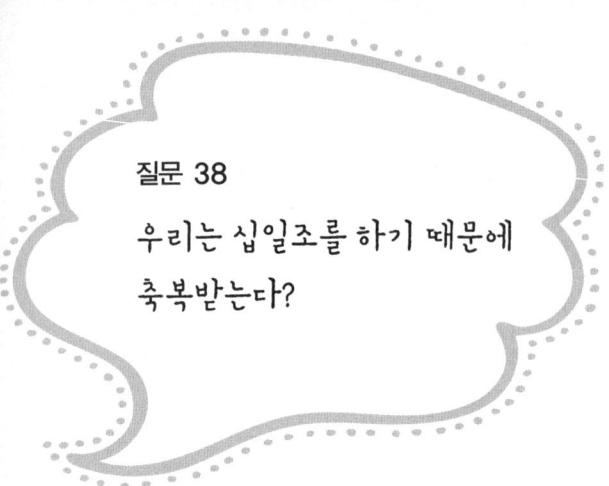

질문 38
우리는 십일조를 하기 때문에
축복받는다?

　　　　　　　　　　　십일조 문제는 뜨거운 감자다. 돈처럼 사람들이 예민해지는 주제도 없기에 십일조의 당위성에 의문을 제기하면 이내 손가락질 받기 일쑤다. 그러나 만일 성경이 가르치는 진실과 십일조에 관한 우리의 생각이나 행동이 맞지 않는다면 당당히 의문을 제기해야 한다고 생각한다. 십일조는 지극히 민감하고 오해하기 쉬운 문제이기에 나는 여기에 공간과 시간을 할애하여 의문을 해소하고자 한다.

　전 세계 거의 모든 교회가 십일조를 내야 한다고 가르친다. 십일조는 지극히 당연한 진실처럼 받아들여져서 이에 대해 문제를 제기하면 대다수 사람이 강하게 반발하고는 한다. 물론 목회자들이 십일조를 강조하는 것은 진심으로 그것이 성경의 가르침이라고 생각하기 때문일 것이다. 그러나 동시에 목회자들로서는 성경이 그렇게 해석되어야 사역하는 데 더 수월하다는 사실도 인정하지 않을 수 없다. 목회자들은 말씀을 가르치고, 전파하고, 하나님 나라를 확장하기 위해서 사역을 한다. 그런데 이 사역을 하는 데 돈이 필요하다. 그들의 생활이 걸린 문제이기도 하다. 따라서 돈을 번다는 것은 이러한 목회자들에게 반드시 필요하면서도 굉장히 껄끄러운 임무다. 그러나 피할 수 없는 것이 현실이다. 그렇다 보니 이 문제를 쉽게 해결할 수 있는 것이라면 그것이 무엇이든 귀가 솔깃할 수밖에 없다.

그렇다고 해서 목회자들이 정직하지 못하다거나 그들의 가르침에 숨은 꿍꿍이가 있다는 뜻은 아니다. 단지 우리 모두 각자의 관점에서 성경을 보고 때로 개인적 이유로 성경을 특정한 방식으로 해석하기도 한다는 것이다. 하지만 확실히 '곳간 십일조^{storehouse} $_{tithing}$', 즉 자기 지역 교회(혹은 본 교회)에 십일조를 해야 한다는 원칙은 다시 생각해 볼 충분한 이유가 있다. 혹시 우리의 상황에 맞추어 이 주제에 접근하는 것은 아닌지 점검해야 한다는 뜻이다.

우리가 십일조를 하기 때문에 축복받는다는 이 말에 무슨 문제가 있는지 확실하게 짚어 보도록 하자. 하나님이 우리에게 십일조를 명령하셨을까? 만일 그렇게 명령하셨다면 십일조를 하지 않는 사람은 하나님께 불순종하는 것인가?

어느 목회자이든 십일조를 가르칠 때면 거의 항상 다음의 성경 구절을 인용한다.

사람이 어찌 하나님의 것을 도둑질하겠느냐 그러나 너희는 나의 것을 도둑질하고도 말하기를 우리가 어떻게 주의 것을 도둑질하였나이까 하는도다 이는 곧 십일조와 봉헌물이라 너희 곧 온 나라가 나의 것을 도둑질하였으므로 너희가 저주를 받았느니라 만군의 여호와가 이르노라 너희의 온전한 십일조를 창고에 들여 나의 집에 양식이 있게 하고 그것으로 나를 시험하여 내가 하늘 문을 열고 너희에게 복을 쌓을 곳이 없도록 붓지 아니하나 보라 만군의 여호와가 이르노라 내가 너희를 위하여 메뚜기를 금하여 너희 토지 소산을 먹어 없애지 못하게 하며 너희 밭의 포도나무 열매가 기한 전에 떨어지지 않게 하리니 너희 땅이 아름다워지므로 모든 이방인들이 너희를 복되다 하리라 만군의 여호와의 말이니라 _말라기 3:8-11

기원전 400년경 하나님은 구약의 마지막 선지자들 중 하나인 말라기를 통해 이 메시지를 전하시며 이스라엘의 부정을 꾸짖고

질문있어요

계신다. 이 구절을 이해하려면 당시 이스라엘의 삶이 어떠했는지를 알아야 한다. 하나님은 레위 족속을 구분하여 민족의 제사장과 선생으로 섬기게 하셨다. 레위 족속 중 아론 가문에서만 대제사장이 나왔다. 그들은 성막과 성전에서 진행되는 예식을 담당했다. 각기 땅의 지분을 받은 다른 족속과 달리 레위 족속은 온 나라의 각 도시로 흩어졌고 다른 족속들처럼 일하는 것도 금지되었다(예를 들어 농사도 허용되지 않았다). 이런 상황에서 그들은 어떻게 생활을 유지할 수 있었을까? 바로 다른 족속에게 받은 십일조가 그들의 예식 행사와 생활비로 사용되었다.

모세의 율법은 '곳간 storehouse'에 자신이 축복의 산물로 받은 것의 십 분의 일을 바치라고 이스라엘 민족에게 명했다. 곳간은 말 그대로 사람들이 십 분의 일씩 바친 곡식, 열매, 포도즙, 양, 가축 등을 모아두었다가 레위 족속과 제사장들에게 나누어 주는 곳이었다. 이것으로 성소의 예식과 제사를 지원했고 제사장과 레위 족속은 생계를 유지할 수 있었다. 아주 실용적인 체계였다. 그러나 십일조는 모세의 율법, 즉 구약의 관습이었고 자발적인 형태는 아니었다. 마치 현대 사회에서 우리가 국가에 세금을 내듯 이스라엘 백성도 십일조를 냈던 것이다. 즉 이스라엘에 있어 십일조는 선택이 아닌 의무였다.

앞 장들에서도 계속 이야기했지만 우리는 율법 아래 살고 있지 않다. 우리는 율법이 폐기된 신약 시대에 살고 있기 때문에 삶에 적용할 원칙이 있다면 십자가와 부활 사건 이후의 신약 성경에서 찾아야 할 것이다.

아마 이렇게 말하는 사람이 있을지도 모른다. "잠깐만요! 십일조가 구약 시대의 의무라고 하지만, 율법이 주어지기 전부터 사람들은 십일조를 한 걸요." 맞는 말이다. 십일조는 고대 시대에 자신들이 믿는 종교를 지원하고 국권을 안정시키는 흔한 행위였다. 잘 알려진 예로는 창세기 14장 17-20절에 아브라함이 제사장이자 왕인 멜기세덱에게 주었던 십일조가 있다. 이는 십일조가 모세의 율법 전부터 있었기 때문에 모세 율법 이후 시대에도 이 원칙이 계속되어야 한다고 주장의 근거로 여겨진다.

하지만 몇 가지 사실을 지적해 보고자 한다. 그들은 율법이 있기 전부터 하나님께 희생 제물을 드렸다. 그러나 오늘날 교회에서 희생 제물을 드려야 한다고 주장하는 사람은 아무도 없다. 하나님은 율법이 있기 수백 년 전에 아브라함에게 할례를 명하셨는데 오늘날 할례를 해야 한다는 설교를 들어 본 적이 있는가? 일부다처제와 역연혼 제도도 율법 전부터 있었다(역연혼은 형제가 죽으면 남아 있는 형제가 그의 부인과 결혼하는 제도다). 따라서 율법 전부터 시행되었다고 해서 그 원칙이 율법 후에도 계속되어야 한다는 것은 말도 안 된다.

한 가지 더 있다. 성경에 따르면 원래 십일조는 10퍼센트 이상이라는 것을 알고 있는가? 이스라엘 민족에게는 한 해 동안 바쳐야 할 부가적인 십일조가 더 있었다. 그래서 그들이 바친 십일조를 전부 합하면 거의 22퍼센트에 달한다! 말라기 3장 10절을 적용하면 만일 그들이 10퍼센트만 바쳤다면 그들은 여전히 하나님의 것을 도둑질한 자가 된다.

우리가 십일조를 하기 때문에 축복받는다는(그렇지 않으면 벌을 받을 것이라는) 생각은 확실히 구약의 가르침이다. 신약은 십일조에 대해 전혀 언급하지 않는다. 그렇다면 신약에서는 기독교적 '드림giving'에 대해서 아무런 지침이 없을까? 그렇지 않다! '드림'에 관한 신약의 가르침은 십일조 이상이다. 간단히 말해 신약의 가르침은 이러하다.

첫째, 새 언약에서 '드림'은 기꺼이 하는 것이다. 그리스도인의 모든 삶이 그렇듯 주님께 먼저 받았기 때문에 자유롭고 감사한 마음으로 드린다. "우리가 사랑함은 그가 먼저 우리를 사랑하셨음이라"(요일 4:19). 이 구절을 이렇게 표현할 수도 있지 않을까? "우리가 주는 것은 그가 먼저 우리에게 주셨음이라." 예수 그리스도의 놀라운 은혜에 감동받은 사람들은 하나님께 드리고 싶은 마음을 주체할 수 없게 된다.

둘째, 새 언약에서 '드림'은 감사함으로 하는 것이다. 의무적이고 구체적인 십일조 법칙과 달리 기독교적 드림은 자발적이고, 마음에서 우러나온 행위다. 성경에 명확히 나와 있듯 결코 명령이 아니다. 그렇기에 바울은 고린도 교인들에게 예루살렘에 있는 가난한 자들을 함께 지원하자고 촉구하면서 자신의 의도를 명령으로 오해하지 않도록 잘 설명한다.

> 오직 너희는 믿음과 말과 지식과 모든 간절함과 우리를 사랑하는 이 모든 일에 풍성한 것 같이 이 은혜에도 풍성하게 할지니라 내가 명령으로 하는 말이 아니요 오직 다른 이들의 간절함을 가지고 너희의 사랑의 진실함을 증명하고자 함이로라 _고린도후서 8:7-8

바울은 '드림'과 '나눔'은 '명령'이 아니라고 말한다. 고린도 교인에게 주는 것은 '사랑의 진실함'에 기반한다고 설명하며 '드

질문있어요

림'은 '은혜의 사역'이라고 부른다. 우리가 하나님께 드리는 것은 우리 안에서 일하는 하나님의 은혜 때문이지, 십일조를 하라는 외부의 강압적 요구로 인한 것이 아니기 때문이다. 그래서 바울은 이렇게 말한다. "각각 그 마음에 정한 대로 할 것이요 인색함으로나 억지로 하지 말지니 하나님은 즐겨 내는 자를 사랑하시느니라"(고린도후서 9:7).

보다시피 순종과 불순종을 저주나 축복과 연결하는 십일조에 대한 명령과는 완전히 다른 내용이다. 여기에는 그리스도인들이 내야 한다고 정해진 특정한 금액도 없다. 바울은 그저 각 사람이 '그 마음에 정한 대로' 내야 한다고 말한다. 드리는 것은 하나님과 우리 사이의 일이기 때문이다.

셋째, 새 언약에서 말하는 '드림'에는 목적이 있다. 그중 하나는 사역자들을 도와서 복음이 전파되도록 하는 것이며, 또 하나는 가난한 자, 굶주린 자, 불쌍한 자들을 돕는 것이다.

바울은 이렇게 말한다. "가르침을 받는 자는 말씀을 가르치는 자와 모든 좋은 것을 함께 하라"(갈라디아서 6:6). 그리고 자신이 가진 것을 아낌없이 줄 때 나타나는 긍정적 결과에 대해서는 이렇게 말한다.

이 봉사의 직무가 성도들의 부족한 것을 보충할 뿐 아니라 사람들이 하나님께 드리는 많은 감사로 말미암아 넘쳤느니라 이 직무로 증거를 삼아 너희가 그리스도의 복음을 진실히 믿고 복종하는 것과 그들과 모든 사람을 섬기는 너희의 후한 연보로 말미암아 하나님께 영광을 돌리고 또 그들이 너희를 위하여 간구하며 하나님이 너희에게 주신 지극한 은혜로 말미암아 너희를 사모하느니라 _고린도후서 9:12-14

이 외에 더 어떤 이유가 필요하겠는가? 굳이 우리가 드려야 할 한 가지 이유를 더 찾는다면 "주는 것이 받는 것보다 복이 있다."(사도행전 20:35)는 말씀 때문일 것이다.

구약 시대에 십일조는 세금이지, 선물이 아니었다. 그런데 오늘날 많은 사람이 드림과 나눔에 대해 구약 시대와 같은 율법적 태도를 보인다. 즉 그들은 소득의 10퍼센트를 꼭 드려야 한다고 생각한다. 만약 십일조를 안 하면 집의 냉장고가 멈추고 자동차가 고장 나고 아이들이 치과를 가게 되는 등 큰돈이 들어갈 일이 생길 것이라고 믿는다. 마치 보험료를 내는 것과 같다는 생각이 들지 않는가? 가끔 사람들이 십일조를 하는 태도를 보면 마치 하나님께 노예로 잡혀 있는 것만 같다.

질문있어요

우리가 드릴 때 하나님으로부터 축복을 받을까? 당연하다. 드리는 것 자체가 축복이기 때문이다. 물론 주님을 향한 믿음과 사랑으로, 예수님의 이름으로 이웃을 위해 선한 일을 하고자 하는 열정으로 했다면 말이다. 하지만 만약 십일조를 하나님께 순종하기 위해 반드시 바쳐야 하는 특정한 액수로 이해하고 있다면 그것은 잘못이다. 십 분의 일을 드리라는 명령에 복종하는 것에는 아무 축복도 없다. 예수님이 말씀하셨듯이 순수하게 드리는 마음 자체에서 축복이 오기 때문이다. 믿음과 사랑으로 바친다면 5퍼센트, 8퍼센트, 15퍼센트로도 축복을 받을 수 있다. 우리는 그저 우리의 능력에 따라 드리면 된다. 어떤 사람은 삶이 너무 힘겨워 수입의 10퍼센트를 내기 어려울 수도 있다. 또 어떤 사람은 주님이 주신 풍성함 덕분에 훨씬 더 많이 바칠 수도 있다. 그래서 바울도 이렇게 말한다. "할 마음만 있으면 있는 대로 받으실 터이요 없는 것은 받지 아니하시리라"(고린도후서 8:12).

우리는 은혜의 시대에 살고 있고, 하나님께 은혜로 드린다. 내게 '드림'의 능력을 믿느냐고 묻는가? 당연히 믿는다. 아낌없이 드려야 한다고 믿느냐고 묻는가? 당연히 믿는다. 은혜는 율법보다 우리에게 더 많은 것을 할 수 있게 해주는 원동력이 된다. 구약에 갇혀 아까워하면서 드리는 십일조와 달리 신약의 드림에서 오는 은혜는 우리를 더욱 기쁘고 아낌없이 바치게 하는 원동력이 된다. 기억하라. 우리가 바치는 것은 의무여서가 아니라 오직 우리가 원하기 때문이다.

질문있어요

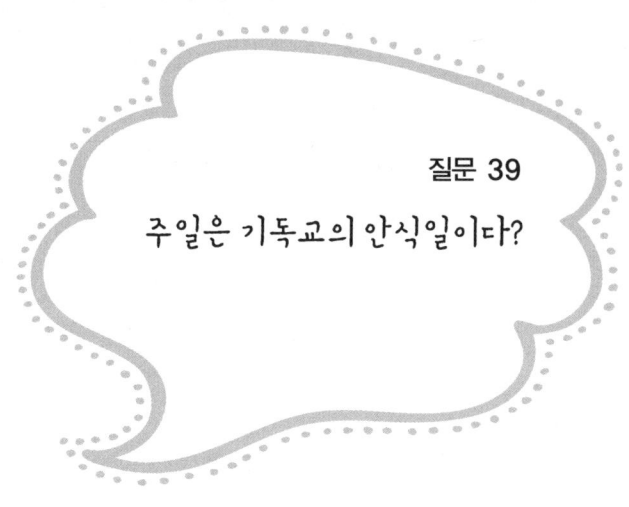

질문 39
주일은 기독교의 안식일이다?

　　　　　　　　　　　우리는 어릴 때부터 주일
은 안식일이라고 배워왔다. 그래서 '교회에 가야할' 뿐만 아니라
이런저런 형태로 그날을 안식일로 지켜야 했다. 예를 들어 어떤
사람들은 주일에는 외식을 하지 않고 아이들이 나가 놀지 못하게
하기도 한다. 나 역시 어렸을 때 주일에는 세차를 하거나 잔디를
깎는 일도 하면 안 된다고 배웠다. 이처럼 현대 교회에서는 여러
가지 모습으로 주일을 안식일로 지킨다.

　　일단 "주일은 기독교의 안식일이다."라는 주제를 잘 이해하려
면 안식일을 논할 때 나오는 개념을 명확히 이해해야만 한다. 안
식일이란 도대체 무엇인가? 일주일 중 특별히 구분하여 지켜야 할

거룩한 날인가? 신약 성도들이 꼭 지켜야 할 날인가?

고대 민족들 중 이스라엘만이 유일하게 안식일을 지켰다. 모세의 율법에서 십계명에 포함된 안식일은 사람들에게 구체적으로 요구된 사항이었기 때문이다.

안식일을 기억하여 거룩하게 지키라 엿새 동안은 힘써 네 모든 일을 행할 것이나 일곱째 날은 네 하나님 여호와의 안식일인즉 너나 네 아들이나 네 딸이나 네 남종이나 네 여종이나 네 가축이나 네 문안에 머무는 객이라도 아무 일도 하지 말라 이는 엿새 동안에 나 여호와가 하늘과 땅과 바다와 그 가운데 모든 것을 만들고 일곱째 날에 쉬었음이라 그러므로 나 여호와가 안식일을 복되게 하여 그 날을 거룩하게 하였느니라 _출애굽기 20:8-11

이 명령에는 주목할 만한 사실이 있다. 첫째, 십계명은 안식일에 대해 '교회(또는 성막, 성전, 회당)에 가는 것'을 언급하지 않은 채 일하지만 말라고 했다. 게다가 하나님은 사람들이 오해하지 않도록 이 명령이 모든 이에게 해당한다고 분명히 말씀하셨다. 자신과 부인, 자녀, 종, 심지어 이스라엘을 방문한 이방인까지 말이다.

둘째, 안식일은 사실 오늘날의 토요일이다. 좀 더 정확히 말하

질문있어요

면 유대인은 금요일 해 질 녘부터 토요일 해 질 녘까지를 안식일로 지켰다. 따라서 토요일은 '일곱째 날'이고 주일은 매주의 첫 날이 된다.

셋째, 하나님은 이 명령을 매우 중시하셔서 이를 어기는 것은 엄중한 죄라고 하셨다. "너희는 안식일을 지킬지니 이는 너희에게 거룩한 날이 됨이니라 그 날을 더럽히는 자는 모두 죽일지며 그 날에 일하는 자는 모두 그 백성 중에서 그 생명이 끊어지리라"(출애굽기 31:14).

넷째, 이 명령은 이스라엘 족속에만 해당한다. 성경 어디에도 이방 민족이 안식일을 지켜야 한다는 말은 없다(물론 이스라엘 국경 내에 살던 사람은 예외다). 이방인들이 안식일을 지키지 않는다고 비난하는 사람도 없었다.

이처럼 이스라엘 민족은 안식일을 지키지 않았을 때 처벌이 엄중했다. 안식일은 바로 이스라엘과 여타 세계를 구분하는 가장 중요한 '경계 표시' 중 하나였기 때문이다. 안식일로 이스라엘 민족과 그 외의 민족을 구분할 수 있었다. 이에 그리스나 로마 사람들은 유대인의 안식일 풍습을 우습고 터무니없다고 생각하며 이렇게 비꼬기도 했다. "유대인은 참 게으르기도 하지! 칠일 중 하루를 꼬박 놀다니 말이야!"

구약에 안식일에 관한 모든 규례가 명시되어 있음에도 초대 교회 그리스도인들이 일부러 안식일에 예배를 드리지 않기로 결정했다. 이는 신약 성경을 통해 분명히 알 수 있다. 초창기 기록을 보면 성도들은 한 주가 시작되는 첫날, 즉 주일에 예배와 송축을 하기 위해 모였다고 한다.

일단 사도행전 20장 7절에 바울이 드로아의 성도들을 만나 강론하는 장면이 나온다. "그 주간의 첫날에 우리가 떡을 떼려 하여 모였더니 바울이 이튿날 떠나고자 하여 그들에게 강론할새 말을 밤중까지 계속하매." 여기서 주목해야 할 점은 교회가 모였던 것이 주간의 마지막 날이 아닌, 첫날이었다는 사실이다.

그뿐만 아니라 예루살렘에 있는 성도들을 소집할 때 바울은 다음의 지침을 주었다. "성도를 위하는 연보에 관하여는 내가 갈라디아 교회들에 명한 것 같이 너희도 그렇게 하라 매주 첫날에 너희 각 사람이 수입에 따라 모아 두어서 내가 갈 때에 연보를 하지 않게 하라"(고린도전서 16:1-2).

요한이 영광스런 그리스도를 보고 기록한 내용에도 주일에 대한 언급이 나온다. 그 말씀은 이렇게 시작한다. "주의 날에 내가 성령에 감동되어 내 뒤에서 나는 나팔 소리 같은 큰 음성을 들으니"(요한계시록 1:10).

질문있어요

초대 교회는 어떻게 해서 엄격하게 준수되던 안식일 계명을 더 이상 지키지 않아도 되는 자유를 얻었을까? 앞선 장에서 이야기했듯이 주된 이유는 그들이 새 계명 아래 있게 되어 모세의 율법이 효력을 잃었기 때문이다. 그렇다면 이들은 왜 주일에 예배를 드리기로 했을까?

예수 그리스도가 한 주의 첫날에 부활했기 때문이라는 견해가 유력하다. 이 때문에 요한계시록 1장 10절은 이날을 특별히 '주님의 날'이라고 표현했다.

영적으로 보자면 안식일은 예수 그리스도의 역사가 성취되어 그가 우리의 쉼터가 되었다는 뜻이다. 즉 그리스도가 이루신 일로 우리 삶의 전부가 안식일의 기쁨이 된 것이다. 성경은 말한다. "이미 그의 안식에 들어간 자는 하나님이 자기의 일을 쉬심과 같이 그도 자기의 일을 쉬느니라"(히브리서 4:10).

이처럼 그리스도인에게 안식일은 주일도 아니고, 토요일, 혹은 다른 어떤 날도 아니다. 바로 안식일은 예수 그리스도다. 성경은 우리가 그리스도를 믿는 자로서 참된 안식일에 들어가 쉬기를 원하신다. 예수님이 우리의 안식일이시므로 주 중 어떤 한 날이 아닌 우리 삶 전체가 안식일이 되는 것이다. 믿는 우리에게 예수 그리스도는 안식일로서 쉼터가 되신다.

주일이 기독교 안식일이라는 말은 구약의 법칙을 신약에 끼워 맞추려는 시도다. 하지만 구약과 신약은 절대로 섞이지 않는다. 신약 시대의 진정한 기독교 안식일은 예수 그리스도다. 이보다 더 큰 쉼은 없다.

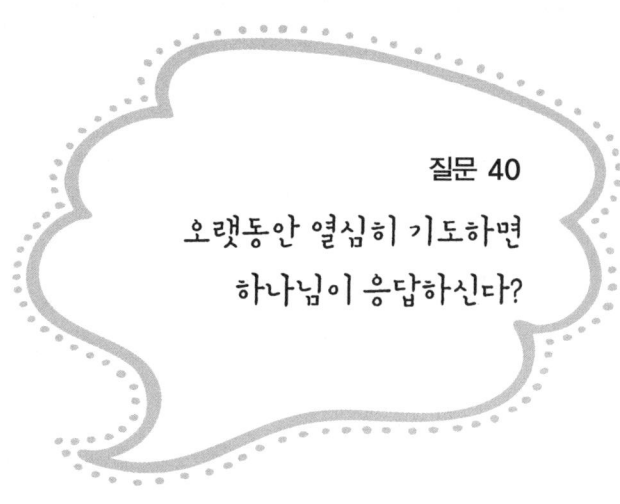

질문 40
오랫동안 열심히 기도하면
하나님이 응답하신다?

어떤 사람들은 하나님께 기도에 대한 응답을 받으려면 끈기와 시간뿐 아니라 같이 기도하는 사람의 수도 중요하다고 생각한다. 수적으로 우세하면 하나님도 우리가 원하고 구하는 것을 더 잘 들어주시지 않을까 하는 생각에서다.

"오랫동안 열심히 기도하면 하나님이 응답하신다."는 주제는 자칫 잘못하면 내 의도와는 상관없이 많은 사람의 감정을 상하게 할 수 있기 때문에 조심스레 다루어야 하며 무엇보다도 상처받은 많은 이의 희망을 다루는 주제이므로 더욱 신중해야 한다. 우리는 살면서 나 자신이나 사랑하는 사람이 매우 극심한 고통을 겪고 있을 때 조금의 희망이라도 보이면 지푸라기라도 잡고 싶은 심정이 된다. 그럴 때 우리는 자연히 하나님께 도와 달라고 부르짖는다. 때로는 반복해서, 하루에도 수차례씩 말이다. 또 이때 가능한 한 많은 사람이 우리를 위해 함께 간구해 주기를 바라는 마음이 생겨나서 기도를 부탁하기도 한다.

나는 사람들의 이런 절박한 행동을 충분히 이해한다. 많은 사람이 함께 기도하면 하나님께서 더 관심을 보이시고 하나님을 설득할 수 있을 것이라고 생각하기 때문이다. 이런 이유로 합심기도나 오랜 기간 시행되는 기도회가 생겨났다. 신실하게, 끊임없이 기도하는 사람이 많이 있으면 하나님이 우리가 원하는 것을 들어주실 것이라는 믿음에서다.

물론 사람들에게 우리의 기도 제목을 나누고 오랫동안 함께 기도해 달라고 요청하는 것이 잘못되었다는 뜻은 결코 아니다. 오히려 성경 곳곳에서 그렇게 하라고 권고하는 것을 찾을 수 있다.

우리는 구약의 많은 구절에서 우리의 기도에 응답하시는 하나님의 신실하심을 보며 큰 힘을 얻는다. 시편 기자는 이렇게 썼다. "나는 하나님께 부르짖으리니 여호와께서 나를 구원하시리로다 저녁과 아침과 정오에 내가 근심하여 탄식하리니 여호와께서 내 소리를 들으시리로다"(시편 55:16-17). 그 뒤로는 이런 말이 이어진다. "내가 소리 내어 여호와께 부르짖으며 소리 내어 여호와께 간구하는도다 내가 내 원통함을 그의 앞에 토로하며 내 우환을 그의 앞에 진술하는도다"(시편 142:1-2). 이것은 변할 수 없는 진실이다. 우리 하나님의 신실함은 결코 흔들리지 않는다. 우리는 언제든지 하나님께 우리의 요구를 말할 수 있다.

물론 모든 사람이 하나님을 지치게 해서 응답하시게 만들겠다는 의도로 기도를 열심히 하는 것은 아닐 것이다. 때로는 마음에 근심이 가득 차서 기도 외에 아무것도 할 수 없어서 기도하기도 한다. 이러한 사람들의 태도를 비난하려는 것은 아니다. 단지 기도의 강도나 기도에 할애하는 시간이 성부 하나님의 마음을 움직이고 응답받는 요건이라고 여기는 생각에 이의를 제기하려 할 뿐이다. 하나님은 우리가 드리는 기도의 강도나 기도하는 시간을 보시고 우리를 돕는 분이 아니다. 하나님이 우리를 사랑하신다는 사실만으로도 기도에 응답하실 충분한 이유가 된다.

예수님은 한 이야기를 통해 우리를 향한 하나님 아버지의 마음을 설명하셨다.

예수께서 그들에게 항상 기도하고 낙심하지 말아야 할 것을 비유로 말씀하여 이르시되 어떤 도시에 하나님을 두려워하지 않고 사람을 무시하는 한 재판장이 있는데 그 도시에 한 과부가 있어 자주 그에게 가서 내 원수에 대한 나의 원한을 풀어 주소서 하되 그가 얼마 동안 듣지 아니하다가 후에 속으로 생각하되 내가 하나님을 두려워하지 않고 사람을 무시하나 이 과부가 나를 번거롭게 하니 내가 그 원한을 풀어 주리라 그렇지 않으면 늘 와서 나를 괴롭게 하리라 하였느니라 주께서 또 이르시되 불의한 재판장이 말한 것을 들으라 하물며 하나님께서 그 밤낮 부르짖는 택하신 자들의 원한을 풀어 주지 아니하시겠느냐 그들에게 오래 참으시겠느냐 내가 너희에게 이르노니 속히 그 원한을 풀어 주시리라 그러나 인자가 올 때에 세상에서 믿음을 보겠느냐 하시니라 _누가복음 18:1-8

예수님이 이 말씀을 통해 하나님 아버지가 우리 기도에 응답하실 때까지 계속 기도하고, 또 기도하라고 말씀하신다고 생각하는가? 그렇다면 중요한 점을 간과하고 있는 것이다. 예수님은 이 이야기에서 불의한 사람을 예로 삼으셨다. 또 두 번이나 이 재판관이 '하나님을 두려워하지 않고 사람을 무시하는' 사람임을 강조하셨다. 이 재판관은 다른 사람을 사랑하거나 배려하는 마음이 전혀 없는 사람이었다. 탄원자의 어려움에 무관심했기 때문에 끈질기게 요청해야만 지쳐서 들어주는 사람이었다.

질문있어요

그렇다면 예수님은 왜 이런 말씀을 하셨을까? 그렇다. 바로 하나님을 그런 식으로 생각하지 말라는 뜻에서다! 이 이야기 속에는 예수님이 자주 사용하신 대조법을 통한 설명이 나온다. 하나님을 우리의 요구에 무관심하고 계속 졸라야만 겨우 응답하는 '재판관'처럼 여긴다면 예수님이 말씀하시려는 핵심을 놓치게 된다. 예수님이 이 이야기로 말씀하시고 싶으셨던 것은 바로 이것이다. "불의하고 무자비한 재판관도 너희를 위해 행동하도록 설득당할 수 있는데 하물며 온전히 사랑하시고 선한 하나님이 너희의 진정한 외침에 얼마나 많이 응답하시겠느냐!" 예수님은 우리에게 아버지를 설득하기 위해 엄청난 시간을 할애해야만 한다고 말씀하고 계시지 않다. 오히려 기도할 때마다 하나님이 우리의 기도를 들으시고 응답하시리라는 확신을 가져도 된다고 말씀하신다. 하나님은 우리가 기도에 시간과 노력을 들여 진정성을 증명할 때까지 가만히 계시는 분이 아니다.

결국 우리가 하나님께 기도하는 것도 그분이 우리를 너무나 사랑하는 분이심을 알기 때문이 아닌가? 하나님은 끈질기게 설득해야만 겨우 원하는 바를 들어주는 재판관이 아니라 우리 기도에 기꺼이 응답하고 우리에게 그의 사랑을 보여 주기를 원하시는 따뜻한 아버지시다.

그런데 우리는 그와 반대로 하나님이 냉담하신 분이라고 생각하는 경향이 있다. '기도할 사람을 충분히 확보하고 기도 시간을 채우면 혹시나 하나님이 관심을 가지시고 들어 주실지 몰라. 하나님이 지금은 우리 편이 아니더라도 순전한 노력과 끈기로 하나님의 마음을 얻을 수 있지 않을까?'

오히려 그 반대다. 하나님이 우리를 먼저 사랑하셨고 우리를 위해 먼저 구하신다. 모든 일은 항상 그가 먼저 시작하신다. 주님이 우리에게 무언가를 주실 준비가 되실 때 그는 자녀들의 마음을 움직여 기도하게 하시고 동시에 우리가 다른 사람들에게도 함께 기도해 달라고 초청할 마음을 주신다. 그러면 우리는 하나님이 일하시는 과정과 응답에 참예하게 된다. 다시 말해 우리가 기도에 동참할 때는 하나님이 세상에서 그가 하시는 일에 우리가 참여할 수 있도록 허락하신 것이다.

예수님이 말씀하신 불의한 재판관 이야기로 돌아가 보자. 이 이야기에서 재판관에게 도움을 간청하는 탄원자가 나오고 있다는 점에 주목하자. 예수님은 우리가 이 이야기에 묘사된 재판관과 우리 아버지는 다르다는 점을 보기 원하셨다. 예수님은 이야기 속의 과부와 우리의 상황이 다르다는 것을 보여 주고자 대조법을 사용하여 말씀하셨다. 우리가 하나님께 나아갈 때의 마음과 과부가 불의한 재판관에게 나아가는 마음은 같을 수 없다는 것이다. 간청하는 대상, 즉 하나님과 불의한 재판관은 분명히 다르기 때문이다.

과부는 불의한 재판관에게 요청하지만 우리는 아니다. 우리는 우리 아버지께 요청한다. 이 차이는 매우 중요하다. 하나님은 우리가 자비와 탄원을 구해야 겨우 귀를 기울이는 재판관처럼 우리를 판단하는 태도로 바라보시며 하늘에 앉아만 계시는 분이 아니기 때문이다.

하나님과의 관계는 사법적인 것이 아니라, 가족과도 같은 것이다. 그는 우리의 아버지고, 우리의 간절한 요구에 응답하는 것을 기뻐하는 분이시다. 그러니 우리는 우리에게 가장 유익한 것으로 응답받기 위해 하나님을 설득하지 않아도 된다는 사실을 확실히 알아야 한다. 우리는 하나님께 구걸할 필요가 없다. 법정에서 좋은 재판 결과를 얻기 위해 사람들을 끌어모아 서명을 받는 식으로 하나님을 설득하려고 하지 않아도 된다. 우리 아버지는 이미 우리 편이고 모든 것에서 우리를 축복하기 원하시니 말이다.

예수님은 우리가 아버지께 도와 달라고 계속 구걸하지 않아도 된다고 말씀하신다. "또 기도할 때에 이방인과 같이 중언부언하지 말라 그들은 말을 많이 하여야 들으실 줄 생각하느니라"(마태복음 6:7). 그들의 마음이 진심일지라도 반복적으로 기도하는 것은 예수님이 하지 말라고 한 행동을 하는 것과 다름없다.

기도를 반복적으로 많이 하면 응답을 받을 수 있다는 말은 인간이 하나님을 다룰 수 있다는 생각에서 나온 교묘한 거짓이다. 우리에게는 그렇게 할 이유가 전혀 없다. 우리 아버지는 우리를 너무 사랑하시기 때문이다. 우리는 그 사랑 때문에 하나님이 우리에게 가장 좋은 것으로 응답하시리라는 확신을 가지고 기도할 수 있다. 사랑의 아버지는 우리에게 아낌없이 주시는 분이니 말이다.

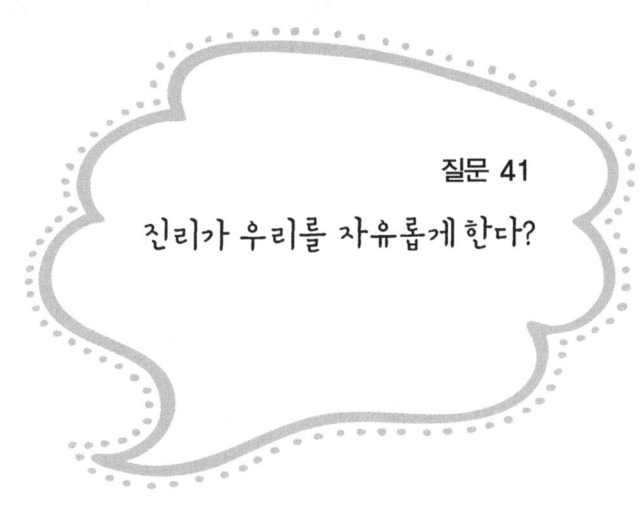

질문 41
진리가 우리를 자유롭게 한다?

"진리가 우리를 자유롭게 한다."는 말은 "진리를 알지니 진리가 너희를 자유롭게 하리라."(요한복음 8:32)라고 하신 예수님 말씀의 일부다. 그렇다. 문제는 이것이 바로 예수님이 말씀하신 전체가 아닌 '일부'라는 점이다.

성경 자체에는 우리 삶을 변화시킬 능력이 없다. 이는 바리새인을 보면 잘 알 수 있다. 바리새인들은 성경을 빠삭하게 꿰고 있었지만 그 지식은 그들에게 어떤 유익도 될 수 없었다. 그들의 목적은 '성경 공부' 자체에 있었기 때문이다. 즉 바리새인들은 성경을 알기 위해 성경을 공부했다. 이는 성경 공부법 가운데 최악이다. 만약 우리 역시 바리새인처럼 '성경 공부' 자체에 목적을 둔다면 자칫 현대판 바리새인이 될 수도 있다.

그렇다면 우리는 왜 성경을 공부할까? 사실 우리는 성경 내용을 알고자 성경을 공부하지는 않는다. 도리어 성경을 쓴 '저자'를 알기 위해 성경을 공부한다. 그렇게 함으로써 하나님에 대한 체험적 지식을 얻을 수 있는데 바로 그것이 성경 공부의 진짜 목적이다. 그래서 예수님은 성경 자체에 목적을 두는 바리새인들에게 이렇게 말했다. "너희가 성경에서 영생을 얻는 줄 생각하고 성경을 연구하거니와 이 성경이 곧 내게 대하여 증언하는 것이니라"(요한복음 5:39). 만약 성경 공부를 하다가 예수 그리스도 외의 다른 것을 발견했다면 이는 성경 공부의 핵심 요점을 놓친 것이다. 다시 말하지만 우리가 성경을 공부하는 목적은 성경 자체에 있지 않다. 오직 '그'를 배우는 데 목적이 있을 뿐이다.

그런데 현대 교회는 "진리가 너희를 자유롭게 하리라."는 말을 잘못 받아들여서 마치 성경의 내용이 우리를 바꾸기라도 할 것처럼 생각한다. 그렇다 보니 어떤 사람들은 성경을 종교 지침서 정도로 생각한다. 재미있는 것은 그들에게 성경이 지침서냐고 물으면 대부분 그렇지 않다고 답한다는 점이다. 그러나 실제 설교나 성경 공부를 할 때 그들이 성경을 대하는 태도를 보면 지침서 정도로 여긴다는 것을 이내 알 수 있다.

우리의 삶에 성경 가르침을 적용할 때 우리는 구원자를 더 친밀히 알아가기보다는 우리가 한 일과 할 일에 초점을 맞추는 경우가 많다. 어떤 사람은 이를 실용적 가르침이라고 부른다. 그러나 나는 이러한 일련의 행동이 종교적 행동에 무게를 둔 채 그리스도를 너무 가볍게 다루고 있으므로 '기독교 라이트 Christianity Lite' 라고 부르고 싶다.

사람들은 성경적 원칙을 발견하고 그 원칙이 우리 행동에 어떤 지침이 될 것인지 제시하지 않으면 그 가르침이 실용적이지 않다고 여긴다. 우리가 할 일에 실제로 적용할 수 없다는 생각 때문일 것이다. 또한 오늘날 교회 내에서 '실용적 가르침'을 간절히 원하는 심리에는 예수님을 알고 그의 가르침대로 사는 것보다 자신이 무언가를 해 보려는 갈망이 교묘하게 담겨 있다. 물론 우리의 삶에서 그리스도가 표현되는 것을 실용성이라고 한다면 그것은 잘못된 것이 아니다. 문제는 올바른 행동을 하는 것이 그리스도인의 목표인 양 성경을 가르치는 데 있다. 이 가르침은 옳지 않다. 성경의 절대적 목적은 예수님을 아는 것이고 행동은 그 다음이다. 우리가 성경을 배우고 알고자 하는 목적이 주객전도된 상황이라면 주위 사람들이 그 사람의 신앙생활을 아무리 칭송해도 죽은 신앙생활로 끝날 뿐이다.

우리는 성경 지식대로 살라고 부르심을 받은 것이 아니다. 주님이 우리를 통해 나타내시는 진리, 즉 내주하시는 그리스도로 살기 위해 부르심을 받았다. 그는 우리 생명의 근원이시고, 우리가 일상에서 하는 행동에 힘을 부어주신다. 이는 우리가 배운 교리에 맞춰 행동하려는 종교적 결단과는 다르다. 내주하시는 그리스도를 힘입어 사는 삶이다.

내가 설교를 온통 예수 그리스도에 초점을 맞춘 이후로 설교가 좀 더 실용적이었으면 좋겠다고 말하는 성도들이 종종 있었다. 그럴 때마다 나는 두려움에 몸서리를 친다. 하나님이 누구이신가를 보이는 것보다 사람들에게 무엇을 하라고 가르치는 것이 더 좋은 설교라고 여기는 생각은 대체 어디에서 온 것인가? 과거 예수님도 우리에게 어떻게 사는 법을 알려 주시려는 것이 아닌 아버지 하나님이 누구이신지를 밝게 드러내려 오시지 않으셨는가? 그렇다면 자신이 예수님을 따른다고 하는 사람들에게 예수님이 이 세상에 오신 목적에 부합한 말씀이 더 유익하지 않을까?

많은 사람이 성경이 말하는 원칙에 맞춰 살다 보면 하나님이 계획하신 삶을 경험할 수 있으리라고 생각한다. 그래서 다양한 종교 프로그램을 만들어 성경의 내용을 배운다. 성경을 잘 배우고 알아야만 인생도 잘 살 수 있다는 생각으로 말이다. 그 결과 초보자에

질문있어요

게는 성경 암송이, 상급자에게는 그리스어 동사 분석이 '기독교 교육'의 중심이 되어 버렸다. 그러나 여기서 그치면 안 된다. 성경 공부만으로는 충분하지 않다. 진정한 삶의 자유를 누리고 싶다면 우리는 우리 안에 내주하시는 그리스도의 영과 교제해야만 한다.

사실 성경에서 말하는 궁극적 진리는 예수 그리스도다. 예수님도 "내가 곧 …… 진리요."(요한복음 14:6)라고 말씀하셨다. 그러니 예수 그리스도를 모르는 성경적 지식은 우리에게 독이 될 수 있다. 바울 역시 "지식은 교만하게 하며."(고린도전서 8:1)라고 말했다. 그런 지식은 사랑보다는 교만을 낳기 때문이다.

예수님은 말씀하셨다. "내가 곧 길이요 진리요 생명이니"(요한복음 14:6). 예수님은 우리를 자유롭게 하는 분이다. 성경 진리는 결국 우리를 진리의 근본이신 예수님께로 인도한다. 예수님만이 창조주 하나님이 계획한 삶을 누리게 하신다. 그 삶은 삼위일체 하나님과의 연합으로부터 흘러나와 자연스럽게 누리게 된다. 다시 말해 우리가 '진리'를 체험하면서 '생명'을 누릴 수 있는 길은 예수님이다. 그러므로 진리를 체험하면서 산다는 말은 예수님이 우리 생명의 근원임을 의식하며 산다는 뜻이다.

우리는 믿지 않는 자들이 예수님은 좋지만 자신들의 삶에는 그의 삶 전부가 아닌 도덕적 가르침만 적용하겠다고 하면 어리석다고 생각한다. 그러나 믿는 자들도 이런 식으로 성경에 접근하고 있는 것이 현실이다. 진리에서 예수님을 쏙 빼놓으면 성경의 가르침을 도덕적 행동 지침으로 삼아 삶에 적용하게 되기 때문이다. 그러므로 우리는 예수 그리스도 자체를 진리로 친밀하게 만나야 한다. 그때에야 비로소 진리가 우리를 변화시키고 자유롭게 한다.

예수님이 "진리를 알지니 진리가 너희를 자유롭게 하리라."라고 말씀하셨을 때 기노스코^{ginosko}라는 그리스어를 쓰셨다. 마태복음 1장 25절의 "요셉이 아들을 낳기까지 [마리아와] 동침하지 아니하더니."라는 문장에서 '동침하다' (영문 성경에는 '알다know'로 표현됨-역자 주)와 같은 단어다.

분명히 요셉은 예수님이 태어나기 전부터 마리아를 알았다. 그러나 이 구절에서 알다라는 단어는 그냥 아는 것 이상의 의미를 지닌다. 유대인은 이 단어를 친밀한 육체적 관계라는 뜻의 관용적 어구로 사용했기 때문이다. 성경에서 요셉과 마리아의 육체적 관계에 사용된 이 단어를 예수님이 여기에 사용하시다니 흥미롭지 않은가. 예수님은 진리만으로는 결코 자유롭게 될 수 없고, 진리를 친밀하게 알아야만 자유롭게 된다는 점을 말씀하고 싶으셨던 것이다.

질문있어요

믿음 안에서 살아 계신 진리이신 예수 그리스도를 만나지 않으면 누구도 자유롭게 될 수 없다. 그러나 이 살아 계신 진리는 성경 지식과는 분명히 다르다. 언젠가 나는 성경을 매우 잘 안다고 으스대는 불신자를 만난 적이 있다. 그는 성경에서 가르치는 여러 사실과 상관관계를 완전히 꿰고 있었다. 그러나 그가 아는 것은 지식일 뿐 진리는 아니다. 영원한 진리는 오로지 그리스도 안에서 표현되기에 우리가 그를 알 때 우리 자신과 생활, 이웃, 심지어 하나님에 대한 거짓말로부터 자유로워질 수 있다.

단순히 성경을 더 잘 안다고 해서 자유롭게 살 수 있다는 것은 착각이다. 성경에서 발견했다고 생각하는 메마른 명제들은 지식에 불과할 뿐 우리 삶을 조금도 변화시키지 못한다. 우리가 진실로 자유로워지고 싶다면 성부 하나님의 진리로서 우리 안에 내주하시는 예수 그리스도를 친밀하게 알아야 한다. 그때 우리는 진리를 알게 되고 그 진리가 우리를 자유롭게 할 것이다.

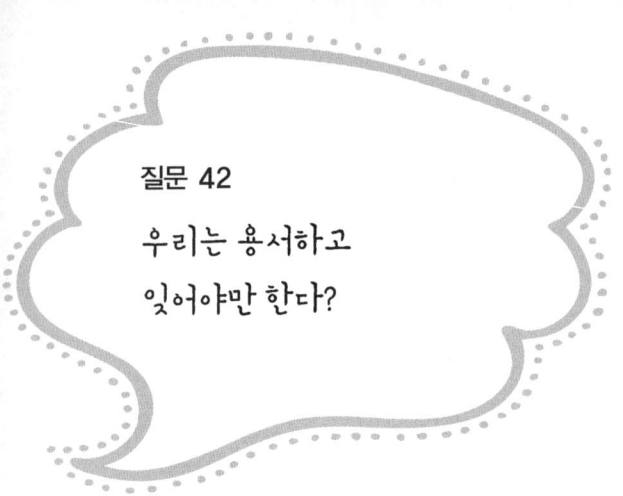

질문 42
우리는 용서하고
잊어야만 한다?

　　　　　　　　　　성경과 관련한 수많은 거짓말들을 보면 그 안에 어느 정도 진실이 들어 있음을 알 수 있다. 그러나 거짓말과 뒤섞인 대부분의 진실은 성경적이지 않은 사상으로 우리 생각을 오염시키고 있다. 그런데 진실과 거짓이 적절히 혼합되어 있다 보니 사람들은 혼란스러운 와중에 막연하게 무언가가 잘못됐다고만 생각한다. 결국 문제가 무엇인지 정확히 분별하지 못하고 그 거짓말을 삶에 적용하며 좋은 결과가 있기만을 기대한다. 그러나 독소는 그것이 아무리 적은 양이더라도 우리 몸에 부정적인 영향을 주기 마련이다. 거짓말도 마찬가지이다.

　이 장에서 살펴볼 "우리는 용서하고 잊어야만 한다."는 거짓말이 완벽한 예가 되겠다. 우리가 용서하고 잊어야 한다는 말에 무슨 오류가 있겠는가? 어쨌거나 용서는 '기독교적 방식'이 아닌가? 누가 이 말에 반박할 수 있겠는가?

하지만 이 거짓말도 앞서 살펴본 다른 거짓말들과 마찬가지로 순수한 진실을 훼손하고 있다.

우리가 누군가를 용서한다고 했을 때 그것은 누군가가 우리에게 잘못한 일을 잊는다는 뜻인가? 물론 그렇지 않다. 성경이 우리가 삶에서 경험한 특정 경험에 대해 건망증을 갖게 된다고 말한다면 그것이야말로 참 웃기는 일이지 않는가. 사실 누군가를 용서한다는 말에는 많은 의미가 있다. 그러므로 용서가 말 그대로 어떤 사건을 잊어버린다는 의미는 아닐 것이다. 하나님도 우리를 용서하실 때 우리에 관한 모든 것을 잊어버리시는 것은 아니니 말이다.

그렇다면 용서의 의미는 무엇인가? 일반적인 정의는 이렇다. 용서란 어떤 사람이 나에게 적대적인 행동을 보여 발생한 결과 때문에 그 사람이 지게 된 마음의 짐을 자유롭게 풀어 주려는 나의 의지가 나타난 행동이다.

즉 용서는 감정이 아닌 선택의 문제다. 이때 우리는 이런 질문을 할 수 있다. "용서하고 싶지 않은데 누군가를 용서하는 것은 가식적이지 않나요?" 절대 그렇지 않다! 우리는 감정에 따라 행동을 결정하지 않는다. 우리의 결정을 주관하는 것은 감정이 아닌 그리스도에 대한 믿음이므로 감정을 넘어서 그리스도인의 성품에 맞게 행동하는 것은 가식적인 것이 아니다. 감정은 모든 문제에서 부수적인 부분일 뿐이다.

또한 우리의 용서는 사실 다른 사람을 위해서가 아니라, 나 자신을 위해서 하는 것이다. 이사야 43장 5절에서 하나님은 이렇게 말씀하신다. "나 곧 나는 나를 위하여 네 허물을 도말하는 자니." 용서는 하나님의 본성이기도 하다. 그래서 하나님은 우리를 용서하신 것이다. 용서가 하나님의 본성인데 우리의 죄를 용서하지 않으신다면 앞뒤가 맞지 않으니 말이다.

하나님 아버지의 자녀인 우리도 아버지가 가진 용서의 본성을 받았다(베드로후서 1:4). 하나님의 본성이 우리 안에 있기 때문에 우리는 용서할 수 있다. 용서하지 않는다면 우리의 진정한 자아와 일치하지 않는 행동이 된다. 그뿐만 아니라 다른 사람을 용서하지 않으면 우리 안에 쓴 뿌리가 자라나 독을 퍼뜨리게 된다는 점에서 용서는 우리 자신을 위한 일이기도 하다.

사실 우리가 다른 사람을 용서하는 일은 별로 어렵지 않다. 완전한 용서와 생명으로서 내주하시는 그리스도를 바라볼 때 우리에게 해를 가한 사람을 용서하고 싶은 마음이 저절로 생기기 때문

질문있어요

이다. 하나님께서 우리에게 해를 가한 사람을 용서하지 않아서 우리 영혼에 독이 자라나도록 방치할 리가 없지 않은가.

여기서 잠시 앞서 배운 내용을 되짚어보면 도움이 될 것 같다. 성경은 우리가 하나님께 받은 용서가 다른 사람을 용서하는 근거가 된다고 가르친다. 구약에서는 하나님께 용서받기 위해 용서했다. 구약을 사셨던 예수님 역시 우리가 다른 사람이 범한 죄를 용서하지 않으면 하나님께 용서받지 못한다고 말씀하셨다(마태복음 6:14-15). 그러나 십자가에서 예수님의 죽음과 함께 모든 것이 변했다. 구약은 예수님이 십자가에 못 박히실 때까지만 유효했다. 십자가 사건 이후 신약 시대가 열렸기 때문이다(히브리서 9:17). 예수 그리스도가 죽으셨을 때 신약이 시작되었다. 이전에도 언급한 적이 있지만 신약은 마태복음 1장 1절부터가 아님을 꼭 기억하라. 마태복음 1장 1절은 그저 신약 성경의 시작일 뿐이다. 신약 자체는 예수님의 죽음과 함께 시작되었다. 이는 히브리서 9장에서도 분명하게 가르치고 있다. 우리는 성경을 적절히 해석(또는 옛 번역에 따르면 '올바르게 분리')해야 한다.

예수님이 죽고 신약이 시작되면서 성경은 더 이상 '용서받기 위해 용서해야 한다'고 말하지 않는다. 오히려 우리가 이미 하나님께 용서받았기 때문에 다른 사람들을 용서해야 한다고 말한다. 골로새서 3장 13절에서도 이와 관련하여 "주께서 너희를 용서하신 것 같이 너희도 그리하고."라고 말한다. 또한 바울은 에베소 교회에 쓴 편지에서 우리가 이미 "용서받았으므로 용서해야 한다." 며 이렇게 말한다. "서로 친절하게 하며 불쌍히 여기며 서로 용서하기를 하나님이 그리스도 안에서 너희를 용서하심과 같이 하라"(에베소서 4:32).

그렇다면 이 장에서 제기한 "용서하고 잊어야 한다."는 말은 어떤가? 반드시 다른 사람이 잘못한 일을 잊어야만 하는가? 그것은 성경의 가르침이 아니다. 앞에서도 말했듯이 하나님도 그렇게 하지 않으신다. 이 말에 완전히 동의하지 못하는 독자도 있겠지만 분명한 사실이다. 성경은 하나님이 우리의 죄를 잊는다고 하지 않고, 기억하지 않는다고 말하기 때문이다. '잊는다'와 '기억하지 않는다'가 같은 말이라고 생각할 수도 있겠지만 사실 이 두 단어의 의미는 서로 다르다.

'잊는다'는 것은 어떤 일을 다시 떠올릴 수는 없는 상태를 뜻한다. 그런데 어떻게 삶에서 받은 고통스러운 상처를 잊을 수 있겠는가? 이는 불가능하다. 그래서 우리가 할 수 있는 것은 단지 기억하지 않는 것뿐이다. 앞서 간단히 언급했지만 여기에는 큰 차이가 있다.

기억한다^{remember}는 단어는 re와 member의 두 부분으로 구성된다. re는 접두사로 '이전 상태로 돌아간다' 또는 '이전 행동을 반복한다' 라는 뜻이다. member는 '무리의 하나, 속해 있는 사람, 신체의 부분' 이라는 뜻이다. 따라서 '기억하다' 의 아주 정확한 문자적 의미는 '무언가에 속하게, 또는 붙게 해서 이전 상태로 되돌리는 것' 이다. 예를 들어 손가락이 잘렸다고 해 보자. 이때 잘린 손가락을 병원에 제때 가져가기만 하면 의사는 그것을 '다시 붙게 re-member' 할 수 있다.

성경은 하나님이 우리 죄를 잊는다고 말하지 않는다. 그러나 사람들은 때때로 '건망증의 바다$^{Sea\ of\ Forgetfulness}$' 에 대해 이야기한다. 물론 그런 말은 성경에 없다. 하지만 그 말은 성경에서 아이디어를 얻었을 것이다. 미가 7장 19절에 보면 이런 말이 있다. "다시 우리를 불쌍히 여기셔서 우리의 죄악을 발로 밟으시고 우리의 모든 죄를 깊은 바다에 던지시리이다." 아마 '건망증의 바다' 라는 말은 이 구절에서 나오지 않았을까 한다. 하지만 사람들이 생각하는 '건망증의 바다' 는 성경이 말하는 바와 다르다. 성경은 하나님이 우리를 죄로부터 영원히 분리하실 것이라고 말하기 때문이다. 즉 우리의 죄를 잊지는 않지만 죄를 더 이상 기억하지 않으신다는 뜻이다. 다시 말해 하나님은 우리에게, 또는 그 자신에게 우리 과거의 잘못을 영원히 붙이지 않으신다고 말한다. 이제 알겠는가? 하나님은 우리 죄를 '다시 붙게 re-member' 하지 않으신다!

이 단어가 어떻게 긍정적으로 사용되는지 최후의 만찬 당시 예수님이 제자들에게 하시던 말씀을 생각해 보자.

> 내가 너희에게 전한 것은 주께 받은 것이니 곧 주 예수께서 잡히시던 밤에 떡을 가지사 축사하시고 떼어 이르시되 이것은 너희를 위하는 내 몸이니 이것을 행하여 나를 기념하라 in remembrance of Me 하시고 식후에 또한 그와 같이 잔을 가지시고 이르시되 이 잔은 내 피로 세운 새 언약이니 이것을 행하여 마실 때마다 나를 기념하라 in remembrance of Me 하셨으니 _고린도전서 11:23-25

예수님은 이 단어를 어떤 의미로 사용하셨는가? "앞으로 이 성찬에 참예할 때마다 너희가 나와 붙어 있다는 것을 인정하면서 하라."는 말씀이셨다.

성도들에게 성찬을 할 때마다 마치 그의 십자가 처형을 보는 듯 엄숙하게 행동하고 그의 죽음을 생각하라는 말이 아니다. 그는 우리에게 "다시 붙으라."고 말씀하신다. 성찬에 참예할 때마다 믿음으로 하나님께 완전히 붙어 있다는 사실을 몇 번이고 확인하라고 하신 말씀이다. 그래서 우리가 십자가에서, 무덤에서, 부활 생명 안에서 그와 연합되었음을 확실히 알라는 것이다.

따라서 성부 하나님은 우리의 죄를 더 이상 기억하지 않으신다. 하나님은 전지하셔서 모든 것을 다 아시기 때문에 우리 죄를 잊을 수 없으시다. 그 대신 우리에게 다시 '그 죄가 붙지 않도록' 하실 뿐이다.

다른 사람을 용서한다는 것은 이와 같다. 다른 사람을 용서할 수 있겠는가? 당연히 용서해야 한다. 그렇지만 용서가 우리의 의무이기 때문에 하는 것은 아니다. 우리가 이미 용서받았고, 우리에게는 이미 우리를 해한 다른 사람을 용서하는 능력과 열정이 있기 때문에 할 수 있는 것이다. 물론 내가 다른 사람으로부터 받은 고통과 상처를 영원히 잊지 못할 수도 있다. 그러나 하나님으로부터 용서받은 우리의 죄가 다시 붙는 것을 거부하면서 점차 우리의 상처로 인한 고통스러운 감정도 수그러든다. 완전히 잊지는 못하더라도 결국에는 치료받아서 그 상황 때문에 고통을 느끼지 않는 지점에 이르게 된다.

용서하고 잊어야 한다는 불가능한 목표를 자신에게 들이대지 말라. 이는 우리 아버지가 우리에게 기대하는 바가 아니다. 용서하는 것만으로도 우리가 집착하던 사건으로부터 자유롭게 되고 우리의 상처를 치유할 수 있는 길이 열리게 된다. 이것이 우리가 다른 사람을 용서해야 하는 이유다.

또한 다른 사람을 용서하면 우리의 아픈 과거 때문에 삶에서 우리의 태도, 감정, 관점이 더럽혀지지 않는다. 이것이 우리가 다른 사람을 용서해야 할 또 하나의 이유다.

무엇보다도 우리가 용서해야 할 가장 중요한 이유는 다른 사람을 용서하는 것이 우리의 진정한 자아에 맞는 행동이라는 사실이다. 하나님이 우리에게 베푸신 용서를 다른 사람에게 베풀면서 아버지께 영광을 돌리고자 하는 사랑과 용서의 사람, 그것이 우리이기 때문이다. 이것이 우리가 다른 사람을 용서해야 할 최고의 이유다.

용서는 기독교 신앙과 메시지의 중심에 있다. 우리가 받은 용서를 남에게 베풀 때 우리는 믿음으로 기쁨과 열매 맺는 삶을 살 수 있다. 다른 사람에게 받은 상처를 잊지 못할 수도 있지만 우리는 그 일을 기억하지 않음으로써 자유롭게 생활할 수 있다. 이것은 다른 사람을 진정으로 용서한 사람만이 맛보는 자유다.

질문있어요

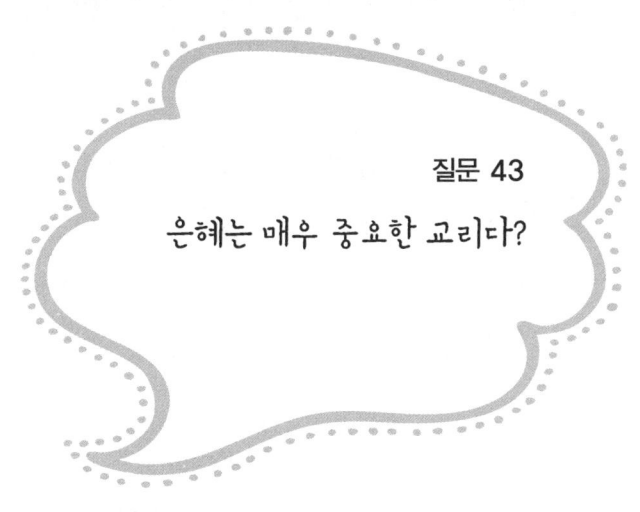

질문 43
은혜는 매우 중요한 교리다?

　　　　　　　　　　나는 일부러 이것을 마지막에 남겨두었다. 이 주제가 책 전체의 핵심이기 때문이다. 사실 이제까지 다루었던 42가지 진리는 모두 '은혜'와 연관이 있으며 그 안에는 율법주의가 숨어 있었다. 이 책에서 논의된 진리들을 살펴보면 대부분이 우리에게, 우리가 할 일에, 또는 더 잘해야 할 일에 초점을 맞추고 있다는 것을 확인할 수 있었다. 이처럼 율법주의는 '우리'에 대해서만 말한다. 하지만 하나님의 '은혜'는 우리 자신이나 우리의 의무에는 관심을 두지 않는다. 은혜는 오직 하나님과 하나님이 이미 하신 일에 초점을 맞춘다.

　그런데 안타깝게도 '은혜'라는 주제 자체도 잘못 이해될 때가 있다. 은혜에 대해 가르칠 때 생기는 오류가 많기 때문이다. 이 책의 마지막 장에서는 은혜와 관련한 많은 오류 중 가장 교묘한 거짓말 하나만을 다루려고 한다. 바로 "은혜가 매우 중요한 교리"라는 말이다. 이 말은 은혜에 대한 찬사처럼 들리지만 실상은 그렇지 않다.

이 말이 위험한 이유는 은혜를 다른 성경적 교리와 같은 수준에 두고 있기 때문이다. 즉 은혜는 성경의 주제 중 하나에 불과하므로 배워 두면 유익하다고 말이다. 하지만 이 말은 틀렸다.

나는 때로 교회에서 이런 말을 들을 정도로 은혜에 대한 설교를 자주 한다. "우리 교회는 일 년 내내 은혜만 강조하네요!" 분명 좋은 의미로 이런 말을 했겠지만 나는 이런 궁금증이 생긴다. "그러면 성도님께 작년에 중요한 것은 무엇이었나요? 내년에는 또 무엇이 중요할까요?"

은혜는 성경의 주제 중 하나가 아니다. 은혜는 복음의 핵심으로 성경의 주제 그 자체다. 성경에 보면 삼위일체 하나님이 십자가에서 모든 것을 끝내시고 성취한 복음만큼 중요한 것도 없기 때문이다. 십자가에서 일어난 좋은 소식이 바로 복음이다.

사도 바울은 자신의 사역은 바로 "하나님의 은혜의 복음을 증언하는"(사도행전 20:24) 일이라고 정의한다. 그는 은혜를 단순히 하나의 교리로 여기지 않았다. 은혜는 하나님이 그에게 이 세상에 전파하라고 맡기신 복음의 DNA 그 자체였다.

율법적인 주제는 잠시 왔다 사그라지는 열정을 일으킬 수는 있지만 진정한 은혜에 대한 열정은 평생 사라지지 않는다. 우리의 삶을 생각해 보자. 요 몇 년 사이에 어떤 주제에 흥분하다가 이내 다른 주제에 관심을 보인 적이 있지 않은가?

1990년, 나는 지금처럼 처음 하나님의 은혜를 보기 시작했던 때를 기억한다. 잔뜩 흥분한 와중에도 나는 자신에게 이런 질문을 던졌다. "과거에 다른 주제에 관해 가졌던 열정처럼 곧 사라져 버리는 것은 아닐까?" 그때로부터 수십 년이 지난 지금 그 질문에 자신 있게 답할 수 있다. 그 열정은 아직도 사그라지지 않았다. 하나님의 은혜는 오랜 시간이 지나도 결코 시큰둥하게 느껴지지 않는 주제다.

왜 하나님의 은혜에 대한 열정은 시간이 흘러도 사그라지지 않을까? 세례 요한이 예수님을 만난 경험에서 그 이유를 찾을 수 있다. "말씀이 육신이 되어 우리 가운데 거하시매 우리가 그의 영광을 보니 아버지의 독생자의 영광이요 은혜와 진리가 충만하더라"(요한복음 1:14).

은혜를 진정으로 이해하면 은혜에 지치지 않는다. 그것은 은혜가 단순한 교리가 아니라는 사실을 알게 되기 때문이다. 그렇다. 은혜는 예수 그리스도 그 자체다. 그러니 우리는 당연히 그에게서 헤어날 수 없다.

은혜가 예수 그리스도라는 말에 의심이 생긴다면 바울이 은혜에 대해 디도에게 한 말을 상기해 보라.

모든 사람에게 구원을 주시는 하나님의 은혜가 나타나 우리를 양육하시되 경건하지 않은 것과 이 세상 정욕을 다 버리고 신중함과 의로움과 경건함으로 이 세상에 살고 복스러운 소망과 우리의 크신 하나님 구주 예수 그리스도의 영광이 나타나심을 기다리게 하셨으니 그가 우리를 대신하여 자신을 주심은 모든 불법에서 우리를 속량하시고 우리를 깨끗하게 하사 선한 일을 열심히 하는 자기 백성이 되게 하려 하심이라 너는 이것을 말하고 권면하며 모든 권위로 책망하여 누구에게서든지 업신여김을 받지 말라 _디도서 2:11-14

바울은 하나님의 은혜가 나타나 모든 사람에게 구원을 주셨다고 말한다. 우리가 아주 잘 알듯이 그 일을 한 것은 어떤 교리가 아닌, 한 사람이다. 예수님은 우리를 구원했고, 우리 안에 그가 다시

질문있어요

오시기를 간절히 기다리는 열정을 부어 주시며 우리가 어떻게 살아야 할지를 가르치신다. 즉 은혜(그리스도)는 우리에게 선한 행동을 하게 하는 열정의 원동력이다.

때로 우리는 은혜를 가르쳐서 사람들이 아무렇게나 행동하게 된다고 비판하는 사람들을 볼 수 있다. 그들은 은혜가 방종, 즉 잘못된 행동과 무절제로 이어질 것을 우려한다. 그러나 바울은 진정한 은혜는 그렇지 않다고 확언한다.

물론 나도 이쯤에서 우려되는 점이 한 가지 있긴 하다. 하나님의 은혜를 사모한다고 말하면서도 마치 은혜가 성경에 나오는 '중요한 가르침' 중 하나인 양 접근하는 사람들이다. 은혜에 대한 그런 접근 방식은 정말 위험하다.

왜일까? 그들이 교묘한 거짓말 속에 자신을 숨기기 때문이다. 예를 들어 어떤 사람이 나쁜 행동을 하고 자기가 은혜 안에 있다고 주장하며 그래서 죄를 지어도 괜찮다고 말하면 누구나 그 사람이 무엇인가 잘못되었다는 것을 명확히 알 수 있다.

그러나 은혜가 예수 그리스도 자체임을 깨닫지 못한 채 그것을 교리로 받아들이는 사람들의 경우 그들의 행동에서 뭐가 잘못되었는지 쉽사리 알아차리기 어렵다. 그들은 '은혜의 교리'에 대한 온갖 긍정적인 말을 하기 때문에 누구도 그 사람이 잘못되었다고 여기지 않는다.

이때 우리 영혼의 대적들만은 교회 한쪽 구석에 서서 낄낄대며 박수를 칠 것이다. 예수 그리스도가 자기 교회에서 하찮은 존재가 되고 교회가 예수님을 교리 정도로 폄하하는 것이야 말로 그에게 가장 행복한 일일테니 말이다.

분명히 알아야 할 사실이 있다. 우리 영혼의 대적은 우리의 관심을 예수님으로부터 다른 곳으로 돌릴 수만 있다면 교리에 대해서는 신경 쓰지 않는다. 그는 우리 관심이 예수님에게서 멀어질 수만 있다면 성경 교리를 열심히 탐구하려는 여러분의 노력에도 박수를 보낼 것이다. 그래서 그는 우리가 나쁜 행동을 할 때만큼이나 우리가 종교적 행동에 빠지는 것을 좋아한다. 어쩌면 그것을 더 좋아할지도 모른다. 우리 안에 있는 그리스도로부터 흘러나오지 않는 종교적 생활방식의 오류는 명백한 죄의 행동보다 인식하기가 더 어렵기 때문이다. 다시 말해 일상에서 하는 불의의 행동은 한눈에 '나쁘다'고 인식될 정도로 두드러지지만 우리 안에 내주하시는 그리스도와 상관없이 스스로 행하는 선한 행동은 우리 눈에 매우 '멋진' 것으로 보인다.

아마 우리 영혼의 대적은 이렇게 말할 것이다. "좋아. 은혜 교리를 열심히 공부해 봐!" 대적은 우리가 은혜와 예수님을 연결하

질문있어요

지 않는 한 만족해한다. 어쩌면 그는 은혜가 매우 중요한 교리라고 자기 입으로 말할지도 모른다. "네가 원한다면 은혜를 교리로 공부해 봐. 그리스어도 분석하고. 주석을 읽는 것도 잊지 마. 단 은혜와 예수만은 연결하지 마." 이것이 대적의 교활함이다.

지금까지 '은혜'를 포함하여 이 책에서 다룬 43가지 진리를 분명히 분별하기 위해서는 성경의 모든 주제, 우리 생활의 모든 관심, 모든 생각, 말, 행동이 전부 예수 그리스도에 기초해야 한다. 이는 올바로 행동하는 것과는 다른 차원의 이야기다. 이것은 우리에게 성경을 완벽히 이해하라는 말도 아니고 우리가 해야 할 일과 하지 말아야 할 일에 대한 이야기도 아니다. 모두 예수 그리스도에 관한 것이다. 예수님은 은혜이고, 우리 삶의 원천이시다.

그렇기에 은혜가 매우 중요한 교리 중 하나라고 말하는 것은 마치 숨을 쉬는 것이 생명의 중요한 부분이라고 말하는 것과 같다. 이 얼마나 어리석은 생각인가? 숨 쉬는 것은 생명의 '중요한' 부분이 아니다. 숨이 멎으면 생명도 없다!

그래서 히브리서 12장 15절 역시 "너희는 하나님의 은혜에 이르지 못하는 자가 없도록 하고."라고 말하고 있지 않은가? 인류에게 주신 하나님의 은혜가 바로 '그리스도'라는 점을 이해하지 못

해서 하나님의 은혜를 놓친다면 이 책에서 다루었던 많은 거짓말에 속기 쉽다. 삶의 자유를 얻는 것은 바로 예수 그리스도가 은혜라는 진리를 알 때다.

성경적 진실인 듯 제시되는 말을 들을 때는 늘 성령께 모든 진리와 분별로 인도해 달라고 구하라. 그 말이 예수 그리스도를 향하는지, 아니면 나 자신을 향하는지를 보고 판단하라. 우리의 관심을 그가 이루신 일로 돌리고 있는가, 아니면 우리가 해야 할 일에 대해 말하고 있는가?

은혜는 예수 그리스도를 통해 우리에게 부어진 성부 하나님의 일방적인 사랑과 자비임을 기억하라. 그러므로 내주하시는 예수 그리스도를 바라보고 그를 신뢰하라. 그러면 예수님께로부터 난 기쁨의 자유 속에서 살 수 있다.

* 이 책은 〈교회에서 가르치는 거짓말〉 (2012, 터치북스)의 개정판입니다.

질문있어요

초판 1쇄 펴낸 날 2016년 12월 5일

지은이 스티브 맥베이
옮긴이 김소희

펴낸이 우수명
펴낸곳 도서출판 터치북스
편집장 이강임
디자인 김한희
마케팅 김광일
경영지원 박소희
등록번호 제 129-81-80357호(2005.1.12)
주소 서울시 강남구 테헤란로 25길 30 4층
편집부 전화 02-538-3959 **팩스** 02-566-7754
editor5@asiacoach.co.kr

ISBN 979-11-85098-28-9 (03230)
책값은 뒷표지에 있습니다.
잘못된 책은 구입하신 서점에서 교환해 드립니다.

터치북스는 이렇게 만듭니다.
1. 마음과 영혼을 울리는 책을 만듭니다.
2. 경건한 독자들의 지성과 성품에 어울리는 책을 만듭니다.
3. 세월이 흘러도 간직하고 싶은 책을 만듭니다.
4. 영혼의 성장에 꼭 필요한 책을 만듭니다.
5. 출판으로 교회와 독자들을 섬기겠습니다.